過料と不文の原則

須藤陽子 著

法律文化社

はしがき

　前著『行政強制と行政調査』(法律文化社、2014年)を公刊した後、強制に関する研究を継続するか、はたまた全く新しいテーマに取り組むか、私は考えあぐねていた。

　わが国行政法の画期となった占領期の議論を追いかけ、現代における強制の機能不全を引き起こした原因を考究したが、強制の研究を終えるには足りない気がしていた。前著は「実力の行使」「執行」に関心を寄せた研究であり、いわゆる「間接強制」の論点を扱っていなかったからである。学界にある「間接強制」の研究には満足できないが、さりとて更なる研究の切り口が思い浮かばずにいた。

　そんなとき、前著の書評を書いてくださった警察官僚荻野徹氏から、刑罰に関する研究会のお誘いをいただいた。研究会のお誘いはお断りしたのであるが、「行政法学者は刑罰を論じることを避けていないでしょうか」という荻野氏のメールの一文が心に残り、行政法において刑罰を論じる意味を考え始めたのであった。

　荻野氏の指摘は正しい。行政罰に関する研究は田中二郎の『行政法総論』で止まり、行政法と刑法がクロスする領域に足を踏み入れようとする研究は長らくなかった。現代の刑法学の議論に行政法学者が参戦するなど容易ではないし、その逆もまた然りである。刑罰について、刑法学とは違う視角を提示しなければならない。行政法と刑法がクロスする領域にある問題を取り上げることの難しさを思い知ることとなった。

　ならばと、原点に立ち返り、立法史と学説史をたどって、出来得る限り忠実に行政罰の成り立ちを理解したいと考え、明治期の議論にまで遡った。そこで美濃部達吉の「過料トイフ刑名」という表現に遭遇したのである。そしてその表現が頭から離れなくなってしまった。これほど研究に熱中したことは久しくない。もし読者諸氏が「過料トイフ刑名」という表現に出合ったならば、やは

i

り私と同様に、深みにはまるように調べ続けるのではないかと思う。その表現との出合いは衝撃的であった。

　現代において、過料が刑罰であるなどと、誰が考えるであろう。何を読んでも誰に尋ねても、過料が何であるのか、答えが返ってこなかった。旧刑法下に過料が刑罰であり得たことを自分で論証したいと思ったが、まるで日本法史のテーマのようであって行政法学者が取り組むべきテーマとも思われず、思い余って、日本法史の大平祐一先生に私の問題意識、思いの丈をお話しした。大平先生は、「そこまで調べたのならば、書いてみたらどうですか」と仰ってくださった。それから半年間で三本の論文を公表した。大平先生の一言に背中を押されるように、過料研究に没頭した2017年の研究専念期間であった。

　過料に関して私がとった研究の方法は、立命館大学法学部同僚諸氏から得た助言によるところが大きい。商法の竹濱修教授、山田泰弘教授、中村康江教授から、明治32年商法以前に全廃になった明治23年商法が存在したこと、商法では有名な大阪高裁昭和36年12月14日決定の存在、平成17年会社法制定時の罰則をめぐる議論を教えていただいた。また旧刑法に関する文献については、西洋法史の高橋直人教授からご教示いただいた。同僚諸氏は、バス停で並んでバスを待つ間、コピー機の順番を待つ間、休憩時間の講師控室、廊下での立ち話など、日々、私の疑問に付き合ってくださった。

　本書は明治期、大正期の文献を多く用いている。それをできれば旧字体で引用したいという厄介な願いを、法律文化社・小西英央氏は聞いてくださった。過料研究の意義をご理解いただき、本書の企画から刊行に至るまでに、多大なご支援をいただいた。深く感謝申し上げる。

　本を出版するという目標は、研究者にとって、研究を推し進め、まとめ上げる原動力となる。しかしながら、生来、私は目標を立てて努力するような性格ではなく、目標を立てることがそもそも苦手であった。そんな私がこの10年の間に三冊の単行本を刊行した。無目標に研究生活を過ごしていた私が、まるで別人のようだと、我ながら思う。

　無目標の研究生活を変えたきっかけは、10年前にメジャー・リーグに挑戦した上原浩治投手を応援し始めたことであった。交流を通じて、目標を立てるこ

はしがき

との重要さ、目標を立てて日々コツコツと取り組む姿勢を、上原投手から学んだのである。それは上原投手の信条であり、上原投手からの励ましが私の研究生活の支えであった。

　荻野徹氏の一言、大平先生の一言、同僚諸氏から得た助言、上原投手の励まし。その一言がなければ、この本の刊行はなかったであろう。心より御礼申し上げる。

　2018年8月

炎暑の朝

須 藤 陽 子

目　次

はしがき

序　章　本書の目的と研究手法 ……………………… 1

 Ⅰ　過料と「行政罰」　1
 Ⅱ　「行政罰」「秩序罰」は実質を有するか　3
　1　研究上の起点の見直し　3
　2　「行政罰」の目的　5
 Ⅲ　立法史と学説史の区別　6
　1　再考・美濃部達吉の「行政罰」　6
　2　外国法研究の影響如何　7
 Ⅳ　地方自治法制と罰則　9
　1　関心と研究の偏り　9
　2　憲法学からの問題提起　10
　3　再考・田中二郎の過料分類——地方自治法上の過料は「秩序罰」か　11

第1章　過料の由来——過料とはいかなるものか ……………… 13

 Ⅰ　問題の所在　13
　1　美濃部達吉「過料トイフ刑名」　13
　2　罰金、科料、過料を区別する意識　14
 Ⅱ　過料の由来　16
　1　徳川幕府法上の財産刑としての過料　17
　2　明治初期の金銭罰　18
　　1　多様な金銭罰（18）　2　個別法に規定された金銭罰の性質（20）
　3　刑罰としての科料——違式詿違条例へのボワソナード刑法草案の影響　21
 Ⅲ　明治23年商法、明治29年民法、明治32年商法と過料の性質　22
　1　明治23年商法における過料の導入　23
　2　明治29年民法と穂積陳重の答弁　26

3　小括——明治40年刑法による過料の変質　27
         　　1　刑罰としての側面（27）　2　明治40年刑法制定による非刑罰化（28）
    Ⅳ　明治期行政法における過料　29
         1　強制罰（執行罰）としての過料の導入　29
         2　一般法としての行政執行法　31
         3　明治期・大正期の美濃部達吉　33
    結　び　35

第2章　明治期行政法と「行政罰」……………………………37

    Ⅰ　明治期行政法の体系化と「行政罰」　37
         1　織田萬、穂積八束　37
         2　明治33年行政執行法制定の影響　39
         　　1　体系に現れた「行政執行」（40）　明治41年『法律大辞典』（41）
         　　3　佐々木惣一とゴルトシュミット（43）
    Ⅱ　明治期の美濃部達吉——独創と変遷　45
         1　「行政罰」と「秩序罰」の萌芽　45
         　　1　明治期　私立大学講義録（46）　2　明治42年『日本行政法』（48）
         2　オットー・マイヤーの影響と美濃部の独創　50
    結び　再度の改説　51

第3章　「行政罰」と「秩序罰」の形成と定着………………55
           ——大正期・昭和前期

    Ⅰ　美濃部達吉——変遷の振幅　55
         1　大正期——行政法総論からの一時撤退　55
         2　「行政罰」の観念と刑事罰を区別する制度上の形跡　56
         3　昭和前期の「行政罰」　58
    Ⅱ　佐々木惣一の「行政罰」　61
         1　大正期の「行政罰」　61
         　　1　「警察罰」から「行政罰」へ（61）　2　警察犯処罰令および違警罪即決例（62）
         　　3　「行政罰」と立法政策（64）
         2　「行政罰」と刑法総則　65

Ⅲ　「秩序罰」の定着　67
　　　1　「行政罰」と「秩序罰」、「秩序罰」と過料の関係　67
　　　　1　明治期の「秩序罰」（67）　2　犯罪の質的観点と「秩序罰」（69）
　　　2　各論警察法における「秩序罰」　70
　　　3　大正後期・昭和前期の「秩序罰」　72
　　　　1　東京学派と京都学派？（72）　2　『法律学辞典』における「秩序罰」（73）
　　　　3　「秩序罰」の三区分（76）
　　結　び　77

第4章　占領期以降の「行政処罰と行政強制」……79

　　Ⅰ　占領期の「行政罰」　79
　　　1　「警察罰」解体　79
　　　　1　「警察罰」としての警察犯処罰令（79）　2　警察法理論の衰退と警察罰（行政罰）（81）
　　　2　田中二郎「過料小論」の意義　83
　　Ⅱ　強制と制裁の交錯──昭和24年労働組合法改正　86
　　　1　処罰に対するGHQの考え方　86
　　　2　強制と制裁の要素　88
　　　3　小　括　91
　　Ⅲ　「過料」の分類論　93
　　　1　田中二郎の「秩序罰」　93
　　　　1　美濃部達吉「秩序罰」三区分の影響（93）　2　田中説の問題点（94）
　　　2　過料分類論の視点　95
　　　　1　性質による分類と手続による分類（95）　2　裁判所が科する過料と長の科する過料（96）
　　結　び　97

第5章　地方自治法制と過料……99

　　Ⅰ　GHQの方針と転換　99
　　　1　昭和22年4月17日地方自治法（昭和22年法律第67号）における罰則規定
　　　　　──法14条、法15条、法223条（現行法228条）　99

2　昭和22年12月12日地方自治法（昭和22年法律第169号）第一次改正
　　　　──法14条と刑罰、法15条と過料　101

 II　財政罰としての過料　103
　　1　現行法228条過料の由来　103
　　　1　市制（明治21年法律第1号）91条（町村制　明治21年法律第1号　91条）（104）
　　　2　明治44年市制町村制改正　市制129条（町村制109条）（105）　3　大正15年市制町村制改正　市制129条（町村制109条）（106）　4　昭和15年市制町村制改正　市制129条（町村制109条）（107）
　　2　小括　地方自治法（昭和22年4月17日法律第67号）223条　107

 III　平成11年地方分権改革　108
　　　　──法244条の2第7項削除、法14条3項「過料」挿入
　　1　侵害留保原理と法15条2項過料事項の変化　108
　　2　義務違反の程度の重視──法14条3項「過料」挿入　109

 結び　科罰手続における弁明の形骸化　112

第6章　地方自治法15条規則と過料 …… 113

 I　規則の法規たる性質　113
　　1　規則の法規たる性質の論拠と平成11年地方自治法改正　113
　　2　規則の法規たる性質と地方令廃止の影響　115
　　　1　戦前の地方制度における条例と規則の性質（115）　2　昭和22年4月17日地方自治法における規則（117）　3　地方令廃止の影響（118）

 II　二元的立法制と二元代表制？　120
　　1　1980年代の学説　120
　　2　自治立法権と法15条、法138条の4第2項　122

 III　規則と強制、処罰　124
　　1　行政代執行法2条「法律（法律の委任に基づく命令、規則及び条例）」の「規則」とは？　124
　　2　法15条2項罰則制定権　126
　　　1　「府県令の幽霊」と法15条（126）　2　法15条2項と長の直接公選制（130）

 IV　規則への罰則委任の論拠とは？　132
　　1　「法令に特別の定めがある」場合と刑罰　132
　　2　規則に罰則（刑罰）委任することは許されるか？　134

結　び　137

第7章　過料処分と比例原則 ……………………………… 139

 Ⅰ　過料処分と裁量権　139
  1　財政罰としての過料　139
  2　過料処分の選択肢　140
 Ⅱ　過料処分と時効　142
  1　当該行為と公訴時効、当該行為と会計法上の時効　144
  2　算定の基礎「その徴収を免れた金額」と時効　146
 Ⅲ　過料処分と比例原則　147
  1　過料と主観的要件　147
   1　発想の相違——行政法学の議論と商法の議論　（147）　　2　手続法に見られる区別　（148）
  2　比例原則適用の可否　148
   1　過料処分と比例原則　（148）　　2　法228条と比例原則　（149）
 結び　過料処分と適正手続　151

終章　過料とは何か ……………………………………… 153

  1　なぜ過料なのか　153
  2　法令用語としての過料　155
   1　過料の目的　（155）　　2　懲戒罰としての過料　（156）
  3　再考：最高裁昭和41年12月27日大法廷決定
    ——過料を科する作用の性質　159
   1　論拠の欠如　（160）　　2　民法84条過料の性質および過料を用いる目的　（161）
   3　「秩序罰」　（163）

おわりに　過料制度の問題点
初出一覧
索　引

序　章

本書の目的と研究手法

I　過料と「行政罰」

　過料とは何か。この問いに答えるべく本書は展開してゆく。過料を手段とする「罰則」ないし「制裁」は、行政法のみならず、刑法、民事訴訟法、民法、商法、労働法などの法分野に共通する関心事である。しかし、過料の性質が論じられることがない。罰則として多用される状況にありながら、過料に関する研究は極端に少なく、数少ない研究上の蓄積はドイツ法を素材としたものであって、わが国の過料制度について答えるものではない。本書の目的の第一は、「過料とは何か」という問いに答えるべく、明治に始まる現行過料制度の由来を明らかにすることによって、今後の過料研究の基礎を築こうとするものである。
　次に、本書は、過料研究における「問題の視角」の設定を問い直そうとするものである。これまで、行政法研究者が設定する問題の視角は、「行政罰」としての過料を、「行政罰」としての特性を得るために、刑事罰ないし刑事犯との比較において論じることに偏っていたのではないだろうか。
　刑罰と対比させ、一般的・抽象的に学問上の「行政罰」としての特性を得ようとしても、現実の過料の立法例は多様である。過料をめぐる学界での議論は長らく極めて低調であり、立法者に対して過料に関する原理、適用に際しての

原則論を示すことができない状況にある。そのため、時として立法者が過料を科す目的を誤っているのではないかと思われるような例を目にすることがある。

たとえば、空家等対策の推進に関する特別措置法（平成26年法律第127号。以下、空家対策特措法という）第16条は、「第一四条第三項の規定による市町村長の命令に違反した者は、五十万円以下の過料に処する」（1項）、「第九条第二項の規定による立入調査を拒み、妨げ、又は忌避した者は、二十万円以下の過料に処する」（2項）と定める。罰金ではなく過料である。

市町村長の発した命令違反に対して50万円以下という過料額は、目を疑うほど高額である。違反行為の内容自体を質的側面から問わなければならないであろう。非難の度合いの高い、悪質な行為を対象とするから高額であると説明されるのであれば、なぜそれは刑罰ではなく過料の対象とされるのだろうか。立法者の意図が問題とされなければならない[1]。

また、全く同じ性質の義務違反について、ある法律で制裁として刑罰を科しながら、他の法律では同様の行為に過料を科しているものがある。それは古くから指摘されている[2]。立入調査の拒否・妨害・忌避に関する罰則について、通例、法律では刑罰である罰金刑が採られているが、空家対策特措法14条2項は過料20万円を定めている。これは、現代において刑罰と過料の境目が極めて曖昧なものとなっていることを示している。

学説において、過料について刑法総則の適用がないことは、ほぼ異論がな

---

[1] 戦前の美濃部達吉「行政罰法の統一と其の通則」杉村章三郎編『筧教授還暦祝賀論集』（1934年）6頁の指摘であるが、過料が用いられることが多い分野は「大蔵省の主管に属する産業取締の法規」であり、たとえば銀行法、無尽業法、有価証券割賦販売業法、信託業法などが挙げられている。同じ性質の産業法規でも、取引所法や中央卸売市場法、輸出生糸検査法や、肥料取締法、蚕絲業法など、農林省および商工省主管に属するものには刑法上の刑罰をその制裁として科するものが多いという。

商法分野では明治23年商法（明治23年4月26日法律第32号、明治32年廃止）に過料規定が導入され、明治29年民法（明治29年4月27日法律第89号）にも罰則として過料規定が入れられた。

[2] 田中二郎「過料小論」国家学会雑誌62巻11号（1948年）634-636頁、川口公隆『簡易裁判所の取扱う過料の諸問題』司法研究報告書第17輯第4号（司法裁判所、1967年）2頁。

い[3]。しかし刑法総則の適用がないことをいうのみでは、立法者は刑罰と過料のいずれを選択すべきか、過料を適用するにあたっていかなる原則が適用されるかが、明らかにならない。

　過料とは何か。それが明らかにならなければ、刑罰と過料をめぐる現代の諸問題を解明しようがない。本書は、かかる問題意識から過料の問題に取り組む論考である。

Ⅱ　「行政罰」「秩序罰」は実質を有するか

1　研究上の起点の見直し

　現代行政法学において、「行政罰」は長らく研究上の蓄積が進まないものの一つである。行政実務に目を向ければ、「行政罰」は機能しているとは言い難い。現代の行政法教科書をみれば、「行政罰」について語る言葉は少ない。それは、学問上および実務上、深刻な事態ではないだろうか。

　現代行政法学が「行政罰」を論じるに際して起点とするのは、田中二郎が昭和32年（1957年）に出版した著名な体系書『行政法総論』（以下、昭和32年『行政法総論』という）の「行政罰」であろう。田中二郎は「行政罰」を「第四章　行政強制及び行政処罰」「第三節　行政処罰」の下に置き、その節の冒頭、「行政罰（Verwaltungsstrafe）とは、行政法上の義務の違反に対して、一般統治権に基づいて、制裁として科する罰を総称する。行政罰を科せられるべき非行を行政犯（Verwaltungsdelikt）といい、行政犯に対して行政罰を科する国家の作用を行政処罰と呼ぶことができる[4]。」と説明し、「秩序罰」について「行政罰」の一種として「行政罰として過料を科する場合を広く行政上の秩序罰ということができ

3） 美濃部達吉『行政刑法概論』（岩波書店、1939年）8頁、田村豊・有光金兵衛『警察罰詳論』（良書普及会、1933年初版1945年第3版）59頁、田中二郎『行政法講義　上』（良書普及会、1965年）310頁（以下、田中・『行政法講義　上』という）、塩野宏『行政法Ⅰ行政法総論　第6版』（有斐閣、2015年）275頁、宇賀克也『行政法』（有斐閣、2012年）133頁、曽和俊文『行政法総論を学ぶ』（有斐閣、2014年）383頁、佐伯仁志『制裁論』（有斐閣、2009年）11頁。

4） 田中二郎『行政法総論』（有斐閣、1957年）405頁。以下、田中・『行政法総論』という。

る。」と位置付ける。昭和30年代の関心は、「行政罰」(行政犯)と「刑事罰」(刑事犯)との区別にあり、その区別に基づいて行政刑罰とその特殊性が論じられている。

　これに対して、現代の行政法教科書が「行政罰」に割く紙幅は極端に少ない。塩野宏は「行政上の義務履行確保」という章立ての下に「行政罰」を置く。「行政上の義務の懈怠に対し制裁を行うことを広く行政罰という。義務履行確保の機能を有し、また、その目的をもつということはいえるが、過去の行為に対する制裁を科す、という点で、古典的な行政上の強制執行と異なるのである」と述べ、「行政罰」を「行政刑罰」と「行政上の秩序罰」に大別する。「行政上の秩序罰」とは、行政上の秩序に障害を与える危険がある義務違反に対して科される罰である。「行政罰」ないし行政刑罰の特殊性を強調する田中二郎の見解に対して、「刑事罰と行政罰の区別は相対的であり、解釈論的に刑法総則の規定の適用を排除する程に峻別しうるものではない。むしろ、いわゆる行政犯についても刑法総則の適用があることを前提としつつも、刑法8条但書にいう特別の規定の解釈を通じて行政犯の特色に対応するのが妥当であろう」といい、この立場を「通説・判例である。」とする。

　しかしながら、田中二郎のみならず、田中二郎以前の美濃部達吉の学説において、行政刑罰の特殊性は「行政罰」の基軸ではなかったのか。行政刑罰の特殊性を否定する場合、「行政罰」という枠組みを維持することの意味が問われるであろう。また、行政刑罰の特殊性という場合、現代では刑法総則規定の適用の有無に関心が集まるが、それだけが行政刑罰の特殊性だろうか。それは戦後に田中二郎が着目した特殊性ではないのだろうかと、筆者は疑問を抱いたのである。昭和32年『行政法総論』「第四章　行政強制及行政処罰」を起点とする現代行政法学の「行政罰」研究は、手詰まり感が否めない。研究の起点を変えないかぎり、新しい研究上の視点を得られないと思われる。

---

5) 田中・『行政法総論』412頁。
6) 塩野宏『行政法Ⅰ　行政法総論　第5版』(有斐閣、2009年)246頁以下参照。
7) 塩野・前掲注(3)275頁。

2 「行政罰」の目的

　田中二郎が示した「行政罰」と現代の行政法教科書のそれには、既に大きな開きが生じている。たとえば「行政罰」の目的について、塩野宏は「義務履行確保の機能」といい、あるいは「その目的をもつということはいえるが」と表現し、決して「行政罰」本来の目的が「義務履行確保」であるとはいっていない。それは、昭和23年（1948年）に行政執行法が廃止されたことにより、行政上の強制執行の手段が制限された状況を「行政罰」が補完していることを示しているのであろう。田中二郎は、「行政罰」の目的を「直接には、過去の義務の違反に対して制裁を科することによって、行政法規の実効性を確保すること」であるという。田中二郎のいう「行政法規の実効性を確保する」ためと、多くの現代行政法教科書が掲げる「行政処分によって命じた義務の履行を確保する」という目的とでは、目的の次元が異なっている。

　たとえば、私法に属する会社法にも「行政罰」はある。会社法に置かれる罰則に行政法学界が関心を寄せるとは思われないが、かつてそれは警察罰の一種として理解されていた。会社法の罰則は会社法のエンフォースメントの問題として論じられ（山田泰弘・伊東研祐『会社法罰則の検証』（日本評論社、2015年））、法律が罰則を置く目的は現代行政法学のいう「義務履行確保」とは異なるものとして理解されている。罰則を置く意味の理解のズレを、はたして現代の行政法学界は認識しているであろうか。

　また、近年出版された行政法教科書には「行政罰」という用語を用いないものもある。芝池義一『行政法読本』である。この教科書では「秩序罰」は脚注で説明されるに過ぎない。「行政上の制裁」という章立ての下に「刑罰」「交通反則金制度」「免許の停止・撤回」「懲戒」「その他の不利益措置」という制裁の種別を列挙する。

　ここまで筆者は「行政罰」と「秩序罰」を「概念」と表記しないように努めてきた。芝池義一のように「行政罰」という用語を用いなくても「行政上の制裁」

8）　田中良弘『行政上の処罰概念と法治国家』（弘文堂、2017年）は、行政上の義務履行確保手段として行政刑罰を捉える。「序章　本書の目的と構成」1頁以下参照。

9）　芝池義一『行政法読本　第4版』（有斐閣、2016年）151頁以下参照。

を説明し得るのであれば、概念というほどの内実がはたして在るか、という疑問を抱いたからである。

本書は「行政罰」研究の起点を見直すことによって「行政罰」「秩序罰」の目的と内実を問い、わが国における「行政罰」と「秩序罰」の生成と展開を、立法と理論の両面から追究する。

Ⅲ　立法史と学説史の区別

1　再考・美濃部達吉の「行政罰」

「行政罰」は行政法学と刑法学に跨るテーマである。刑法学においては「行政刑法の特殊性」が指摘され、「刑法とそれ以外の法律の交錯によって生じる根源的な問題については、その特殊性から解明されていない状況が続いて」おり、現代においても美濃部達吉が提起した論点が取り上げられることがあるという[10]。[11]

『行政刑法概論』(岩波書店、1939年)を著した美濃部達吉の影響は、行政法学においても多大である。美濃部は『行政刑法概論』において、行政罰則を刑法に刑名のあるものと刑法総則の適用のない過料の二種に分けたうえで、刑事犯に対する行政犯、刑事罰に対する「行政罰」の特性を論じようとする。過料によって行政罰則を二種に分ける発想は、現代の「行政罰」に通じるものである。

しかしながら、美濃部達吉『行政刑法概論』は、金銭罰である過料の性質に言及することがない。刑法総則の適用を受けないとされる過料が「行政罰」の特性の現れであるならば、過料とは何か、過料という制度がなぜ導入されたのかが、まず論じられなければならないであろう。本書は、立法史をたどることによって、かかる論点を明らかにしようとする。

---

10) 今村暢好「行政刑法の特殊性と諸問題」松山大学論集23巻4号(2011年)155頁。
11) 樋口亮介「法人処罰」ジュリスト1348号(2008年)69頁以下参照。

2　外国法研究の影響如何

「行政罰」と「秩序罰」について行政法学と刑事法学に見られる研究業績は、ドイツ法を素材とした外国法研究の成果である。ドイツ法との比較法研究の手法は、わが国において「行政罰」ないし「秩序罰」は今後どのように整備されるべきか、というテーマに適したものであるが、日本法における「行政罰」と「秩序罰」自体の研究を進めるものではない。なぜなら、ドイツ法における「秩序罰」(Ordnungsstrafe) ないしは「秩序違反」(Ordnungswidrigkeit) が実定法上の制度を根拠にして論じられるのに対して、日本法における「秩序罰」は学問上のものであり、議論の前提が異なるからである。

前述した田中二郎の昭和32年『行政法総論』は、行政罰として過料を科する場合を広く「行政上の秩序罰」ということができるとする。しかし、この説明の仕方では「行政上の秩序罰」は「秩序罰」より狭い。これでは「秩序罰」の説明になっていない。

「秩序罰」に中身がないという批判は、昔から存在する。「過料が刑罰と実体法上又手続上異なった取扱を受けることについて、しばしば『過料は刑罰ではなく秩序罰なるが故に』と説明されているが、その秩序罰とは何かということについての説明があまりされていない」という正鵠を射る指摘である。しかし、その批判は行政法研究者からのものではなく、行政法の世界には響いていなかったのかもしれない。本書では、「秩序罰」の内容を「過料を科する場合」以外にも探るべく、学説史を考察する。

「行政罰」(Verwaltungsstrafe) と「秩序罰」(Ordnugsstrafe) は、戦前の行政法教科書や辞典等でドイツ語が併記されているため、ドイツ法の影響を受けたものであると考えられているが、いつ頃わが国の行政法体系に位置付けられたかは

---

12) 土屋正三「西独の秩序違反法に就いて (1)(2)(3)」警察研究25巻 (1954年) 6号19頁、7号37頁、9号50頁、神山敏雄「経済犯罪行為と秩序違反行為との限界 (1)(2)(3・完) ——ドイツの法制度・学説・判例を中心に」刑法雑誌24巻2号 (1981年) 149頁、26巻2号 (1984年) 256頁、27巻1号 (1986年) 21頁以下、西津政信『行政規制執行改革論』(信山社、2012年) 169頁以下、田中良弘・前掲注 (9) 127頁以下参照。

13) 入江一郎・水田耕一・関口保太郎『条解非訟事件手続法』(帝国判例法規出版、1963年) 753頁。

明らかでない。また、過料について、過料とはいかなるものか、いつ頃、どのように導入されたのかも明らかでない。

　本書は、比較法研究ではなく、歴史研究の手法をとる。そして、研究テーマによって、学説史研究と立法史研究の手法を区別して用いている。

　わが国における「行政罰」と「秩序罰」は理論上のものであるから、学説史研究の手法を用いている。外国法から得た理論的知見がわが国の学問体系にどのように定着したかという視点から考察することは、外国法研究の成果の検証になると思われる。

　他方、過料については、立法史研究の手法をとる。過料が実定法に導入された時期と、過料を「秩序罰」として理論上説明しようとした時期は、必ずしも重なるものではない。

　また、学説史研究の手法をとるにあたり、用語法の問題に留意しなければならない。「行政罰」と「秩序罰」は学問上の用語であり、論者によって用語法が異なる。たとえば、古くは昭和40年（1965年）に、税法の分野では各種加算税・重加算税などを行政罰といい、税法で定めている懲戒・罰金などの刑罰を刑事罰と称する傾向が指摘されている[14]。現代では、過料を行政罰といい、刑罰を行政罰に含めない用語法もある。現代では行政罰を論じるにあたり行政犯と刑事犯を対比させて論じる前提をとらず、地方自治法上の過料の功罪を論じる場合には刑罰と対比させることが効果的であるため、刑罰を行政罰に含めない用語法に利点がある。筆者もこのような用語法を試みたことがあるが[15]、本書は学説史研究を含むため、これをとらない。

　学説史に忠実に、明治期にもっとも早く「行政罰」と「秩序罰」を用いた美濃部達吉の用語法を基本として、美濃部以降の論者の用語法との差異、とりわけ占領期以降の田中二郎の用語法との差異に留意しつつ論を進める。

---

14) 田中・『行政法講義　上』300頁参照。
15) 須藤陽子『行政強制と行政調査』（法律文化社、2014年）、同「地方自治法における過料」行政法研究11号（2015年）1頁以下など。

Ⅳ　地方自治法制と罰則

1　関心と研究の偏り

　地方自治法は昭和22年（1947年）4月17日に制定・公布され（以下、昭和22年4月17日地方自治法という）、日本国憲法（昭和21年（1946年）11月3日制定・公布）と同日（昭和22年5月3日）に施行された。施行からすでに71年が経過している（平成30年（2018年）3月現在）。地方自治法は現在の姿になるまでに幾度も法改正を重ね、平成11年（1999年）にはいわゆる地方分権推進法によって地方自治法が大改正され、構造的な大変革を経験した（以下、平成11年地方分権改革ないしは平成11年地方自治法改正という）。これによって地方自治は実務上も研究上も大きな進展が見られたのであるが、そんな中にあっても、長らく研究上の蓄積が欠けていると思われるものがある。地方自治法（以下、法という）15条1項規則制定権、同条2項罰則制定権に関する研究である。

　法14条に規定された条例制定権は、昭和40年代以降に法律の先占に対する「条例制定権の限界」論として活発に議論され、平成11年以降は、条例制定権の範囲の飛躍的な拡大や義務付け・枠付け見直しに伴う、多くの研究上の蓄積がある。[16]他方、条例に関する研究と比較すれば、法15条1項規則制定権に関する研究はわずかである。[17]さらにいえば、地方自治法における条例と規則の関係に言及する論稿は、多いとはいえない状況にある。[18]それは極端な研究の偏りに一因があると思われるが、いったいなぜこのように偏ることになったの

---

16)　近時の条例制定権の限界論については、斉藤誠「条例制定権の限界」高木光・宇賀克也編『新法律学の争点シリーズ8　行政法の争点』（有斐閣、2014年）206頁以下参照。

17)　1999年地方自治法改正以降、平岡久『行政法解釈の諸問題』（勁草書房、2007年）51頁以下に収録された「第三章　地方公共団体の長の規則に関する若干の考察」がある。

18)　鳥獣保護法の条例委任を素材にして、標識寸法や図柄を条例という法形式で定めることの適否から条例と規則の役割ないし関係を問う論稿として、筑紫圭一「第3章　義務付け・枠付けの見直しに伴う条例の制定と規則委任の可否」北村喜宣編著『自治総研叢書34　第2次分権改革の検証——義務付け・枠付けの見直しを中心に』（敬文堂、2016年）88頁以下参照。

か。

　平成11年地方自治法改正により、法14条2項に侵害留保原理が規定され、これによって、地方公共団体の長が法15条1項に基づいて制定する規則は、法規たる性質を有しないこととなった。従来、法15条1項に基づいて定められる規則に法規たる性質が認められるのは、直接公選によって選出された長の民主的基盤ゆえであるとする説があった。この説に従えば、長の定める規則から法規たる性質を奪ってはならないのではないか。法規たる性質を奪うことは、憲法違反か否かが問われるはずである。

　法15条1項の規則に関して、いまだ埋もれた論点が多々ある。平成11年地方自治法改正以前の、法15条1項の規則の性質をめぐる議論を再検討するべきであろう。法15条1項の規則に関する研究が増えなければ、同条2項に関する研究も進まない。地方自治は憲法学と行政法学に共通する研究領域であるが、行政法学において条例と規則の関係に関する研究上の蓄積が進まなければ、憲法学における自治立法権の研究も進まないであろう。

2　憲法学からの問題提起

　佐藤幸治は平成6年（1994年）に公刊された『ファンダメンタル憲法』「20　地方公共団体の「統治構造」」[19]冒頭において、「地方自治法には、普通地方公共団体の長は、当該団体の規則中に、規則に違反した者に対し、2千円以下の過料[20]を科する旨の規定を設けることができるとある。長がこのような罰則つきの規則を制定することには憲法上の問題はないか。」と問題提起する。公刊からすでに20年以上が経過し、平成11年地方分権改革が行われた後であっても、この問いの持つ意味は失われていないと思われる。

　そして法15条2項の問題性は、昭和23年（1948年）に著された柳瀬良幹の小論[21]を引用して明らかにされる。柳瀬良幹は、条例に対して認められた刑罰の

---

19)　佐藤幸治「20　地方公共団体の「統治構造」」佐藤幸治・中村睦男・野中俊彦『ファンダメンタル憲法』（有斐閣、1994年）237頁。
20)　現行法では「5万円以下」の過料である。
21)　柳瀬良幹「売淫取締条例と憲法」（1948年8月5日東北学生新聞）同『人権の歴史』（明治

包括委任を問題としても、秩序罰とはいえ過料という罰則の包括委任を行うことを気にかけない人々を、「昔の府県令の幽霊にとりつかれている[22]」と揶揄する。「府県令の幽霊」とは何を意味するのだろうか。行政法学は、これまで法15条2項の過料について、罰則の包括委任という観点から論じてこなかったのではないだろうか。筆者は、本書において、「府県令の幽霊」の正体を探ろうと思う。

　佐藤幸治は前述の問いを基本において、憲法94条「条例」論、条例と規則の関係、議会と長の関係へ論を展開してゆく。憲法上の問題として論じられているが、この問いは同時に行政法学にも向けられたものである。法15条に関する研究上の蓄積を欠く行政法学は、佐藤幸治の設定した問いに答えているとは言い難い現状であるが、行政法学からすれば、法15条2項が定める長の罰則制定権の問題は「過料」にとどまるものではない。「法令に特別の定め」があれば、規則に罰則として刑罰を定めることも可能と解され、現に規則に刑罰を科することを委任している例があるからである。

3　再考・田中二郎の過料分類──地方自治法上の過料は「秩序罰」か

　現行地方自治法に規定される過料は、①戦前の市制・町村制に由来する法228条過料、②昭和22年12月12日地方自治法改正によって設けられた法15条2項過料、③平成11年地方自治法改正よって法14条3項に挿入された過料、という三つである。現行地方自治法に今もなお戦前から引き継がれている過料制度や占領期に導入された過料制度が存在するということは、これらの過料の性質、目的は、歴史研究によって明らかになるものであることを意味するであろう。

　また、これら三つの過料は成り立ちが異なるだけではなく、過料額においても極端な差がある。法14条3項、法15条2項に基づく過料額の上限は5万円であるが、分担金・使用料・加入金・手数料に関する法228条3項の場合、条例

　　　書院、1949年）162頁以下。
22）　柳瀬・前掲注（21）171頁。

で徴収を免れた金額の5倍に相当する金額以下の過料を科することが可能であり、1千万円を超える過料が科される例は珍しくない。はたして、三つの過料を同列に論じるべきだろうか。換言すれば、三つの過料を「秩序罰」として位置付けるべきであろうか。

　占領期に田中二郎が著した「過料小論」以降、行政法学では田中二郎による過料の分類論が支配的となり、「秩序罰」≒「過料を科すること」という理解の下にある。しかし、地方自治法に規定される三つの過料を、過料ということに着眼して「秩序罰」の下に括るには、看過しがたい大きな差異があると思われる。本書は、地方自治法における三つの過料を、立法史の側面から考察し、現代法における過料の分類論を見直す契機とする。

第1章

過料の由来──過料とはいかなるものか

I 問題の所在

1 美濃部達吉「過料トイフ刑名」

　過料は金銭罰の一種である。しかし、さらに重ねて「過料とはいかなるものか」と問われた場合、この問いに正面から答えることは、現代にあっては非常に難しい。現代の行政法教科書の説明に従えば、「秩序罰に適用される」、「刑罰ではない」、「刑法総則は適用されない」と答えることになる。しかし、「秩序罰」という範疇では捉えきれない実定法上の過料がある。また、「刑法総則は適用されない」という答え方は刑罰との違いを強調するに過ぎず、過料を適用するにあたって適用される原則を明らかにするものではない。わが国の実定法上の過料に関する研究業績は極めて乏しい。過料について、分野横断的に私法上の過料規定にも目を向け、その内実を得るべく研究上の蓄積が必要であると思う。本章は「過料とはいかなるものか」をテーマに、立法史をたどることによって掘り下げようとする。

　本書を執筆するきっかけは、大正3年(1914年)版美濃部達吉著『日本行政法 上』(明治42年初版。以下、大正3年『日本行政法　上』という)の中に「法律ハ往々此

---

1) 須藤陽子「地方自治法における過料」行政法研究11号(2015年)1頁以下。

ノ以外ニ過料トイフ刑名ヲ設ケテ」いる、という一文を見つけたことであった。現代において、過料を刑罰であるなどとは決していわない。それ故、筆者は「過料トイフ刑名」という表現に目を疑い、「刑名」とは刑法に定められた刑罰以外にも用いることが有り得るのかと、初歩的かつ根本的な疑問を抱いたのである。

　美濃部達吉の行政罰に関する著作は、昭和9年（1934年）「行政罰法の統一と其の通則」、そしてこの論文がベースとなっている昭和14年（1939年）『行政刑法概論』が著名である。これら昭和期に公刊された著作は、刑事犯に対する行政犯、刑事罰に対する行政罰の特性を論じようとするものであるが、これに対して大正3年『日本行政法　上』は、罰金、科料、過料の性質に大胆に言及する。

　大正3年『日本行政法　上』は、刑法上形式的に刑罰であるのは罰金と科料であるとしつつ、「法律ハ往々此ノ以外ニ過料トイフ刑名ヲ設ケテ[2]」いるという。過料を科する場合を懲戒罰と執行罰に属するもの、そして「其ノ外」のものに分け、かかる「其ノ外」のものの性質を問い、「過料ヲ課スル場合ノ一部分ハ懲戒罰及ヒ執行罰ニ属スルモノナレトモ、其ノ外民法、民法施行法及ヒ商法等ニ於テ法人ノ代表者ノ不法行為ニ対シテ、又ハ戸籍法ニ於テ戸籍届出ノ懈怠ニ対シテ過料ヲ課スルコトヲ定メタル如キハ、明ニ懲戒罰又ハ執行罰ニ非スシテ真正ノ意義ニ於ル刑罰ナリ[3]。」といい、過料は刑罰の性質を有するとする。

　しかし、昭和9年「行政罰法の統一と其の通則」、昭和14年『行政刑法概論』にこのような記述は見られない。なぜ大正初期の文献にあるものが昭和期の文献ではなくなったのか。本章は、美濃部達吉の一文に触発され、過料の「刑罰」としての側面を探求する。

2　罰金、科料、過料を区別する意識

　刑罰について、大正3年『日本行政法　上』は、罰金と科料も一般的な刑罰とは性質が異なる、という説明の仕方をする。科罰手続や適用の原則が一般的

2）　美濃部達吉『日本行政法　上』（有斐閣書房、1909年初版1914年第7版）199頁。
3）　美濃部・前掲注（2）199頁。

な刑罰と異なるからであり、「法律カ特ニ刑名ヲ異ニシテ過料ナル文字ヲ用イタル場合ノミナラス、一般刑罰ト同シク罰金又ハ科料ノ刑名ヲ用イタル場合ニ於テモ、法律ハ往々一般刑罰ニ關スル不論罪、刑ノ減免、併合罪等ノ原則ヲ適用セス、ソノ課刑ノ手続ニ於テモ特ニ一般刑罰トハ区別シテ行政官廳ヲシテ之ヲ課スルコトヲ得セシムル等特別ノ規定ヲ設クルモノアリ。」[4]という。

　ここでいう一般刑罰とは区別した科罰手続の代表例として、正式の裁判によらず「拘留」と「科料」という刑罰を警察署長またはその代理人たる官吏が即決し得る仕組みをとっていた、違警罪即決例（明治18年太政官布告第31号）が挙げられる。

　明治13年（1880年）に制定された旧刑法（明治13年太政官布告第36号。以下、明治13年旧刑法という）が定めた違警罪は、明治40年（1907年）刑法（明治40年法律第45号。以下、明治40年刑法という）の制定により廃止され、代わって警察犯処罰令（明治41年内務省令第16号）が58種の雑多な罪に対して「拘留」と「科料」を定めた。刑法において違警罪は廃止されたが、刑法施行法（明治41年法律第29号）31条が「拘留又ハ科料ニ該ル罪ハ他ノ法律ノ適用ニ付テハ旧刑法ノ違警罪ト看做ス」と規定したことによって、刑法ではなく違警罪即決例という手続法の適用上違警罪は存在するということになった。[5]

　罰金、科料は刑法上の刑罰であるが、金銭罰であるという点で過料と共通し、過料と科料は低額である点においても共通している。現代法に通じる、明治期に立法された商法、民法には過料が用いられているが、低額の金銭罰ならば過料を設けるまでもなく、科料であってもよかったはずである。明治期の立

4）　美濃部・前掲注（2）200頁。
5）　村上恭一「違警罪即決例管見」警察研究3巻6号（1932年）28頁。村上恭一は行政裁判所評定官であるが、憲法違反であることを指摘する。
　　憲法違反の指摘がありながらも占領期まで存続し得たのは、違警罪即決例が明治憲法制定以前に制定された法律でも命令でもない法形式であったこと、そして実際上の理由として、裁判所の事務の軽減および経費の節約、「拘留又は科料の如き軽微なる違反行為」のために裁判所に出頭して刑事訴訟手続による取り調べを受けることを要しないという被告人の利益、警察執行権に及ぼす利益という3点が挙げられている。田村豊・有光金兵衛共著『警察罰執行手続』（良書普及会、1933年）13頁以下参照。

法者は、低額の金銭罰を罰則として立法化しようとするとき、なぜ罰金、科料ではなく過料としたのか。かかる問題意識を持ち、明治期の過料の立法例を考察する。

II　過料の由来

　行政法学は、昔も今も、ドイツ法を素材とした比較法研究が盛んである。戦前の行政罰に関する比較法研究で現代においても引用されるのは、明治42年（1909年）に発表された佐々木惣一によるJ・ゴルトシュミット著『Das Verwaltungsstrafrecht』を紹介する論文である。以来、行政罰ないしは過料に関する研究の多くは、ゴルトシュミットの法理論の影響を受けたとされるドイツ秩序法に関するものである。

　しかしながら、わが国近代法の形成期において、旧刑法編纂過程に影響を与えたのはドイツ法ではなく主にフランス法であった。学界においてドイツ法を紹介する研究が盛んであっても、明治初期の立法に影響を与えたのは必ずしもドイツ法ではないことから、本稿ではドイツ秩序法を考察の対象としていない。

　現行法の過料の由来を探求することは、それは自ずと過料と科料の相違、科

6）　佐々木惣一「行政犯ノ性質ヲ論シテ警察犯ニ及フ」京都法学会雑誌4巻3号（1909年）54頁以下参照。

7）　戦前の論稿として、須貝脩一「ゴルトシュミットの行政犯理論（一）（二・完）」法学論叢40巻（1939年）1号89頁以下、3号422頁以下がある。刑法学の論稿として、中川祐夫「行政刑法序説」佐伯千仭博士還暦祝賀『犯罪と刑罰』（有斐閣、1968年）169頁以下、神山敏雄「経済犯罪行為と秩序違反行為との限界（一）（二）――ドイツの法制度・学説・判例を中心に」刑法雑誌24巻2号（1981年）149頁以下、26巻2号（1984年）256頁以下、同「財産刑についての考察」岡山大学法学会雑誌44巻3・4号（1995年）39頁以下。近年の研究として、田中良弘「行政の実効性確保手段としての刑罰規定のあり方についての一考察――ドイツにおける行政刑法理論と秩序違反法の制定を題材に」一橋法学13巻2号（2014年）451頁以下。

8）　新井誠「旧刑法の編纂（一）（二・完）」法学論叢98巻1号（1975年）54頁以下、4号（1976年）98頁以下参照。

料の由来をも追いかけることとなる。本章は、かかる認識のもと、わが国近代法の形成期における金銭罰の性格を見直そうとするものである。

1 徳川幕府法上の財産刑としての過料

　過料とは、そもそも、刑罰としての金銭罰であった。「中世から近世に行われた財産刑の一種」であり、「主刑として経済的負担を課することは律令制の衰退以後」に始まり、過料が一般的な刑罰の一つとして広く用いられるようになったのは、江戸時代になってからである。[9]過料は「徳川幕府法上の財産刑」の一つであって、個々の財物あるいは包括財産の「取上」または「闕所」、即ち没収と言うべきものと並び、「犯罪人に金銭を差出さしむる場合、即ち当時普通に「過料」と呼ばれ」[10]、「江戸幕府刑法では博奕その他軽罪に対する主要な刑罰であった」[11]と位置付けられている。

　徳川幕府法上の「過料」は、現代の過料よりも広い意味合いを持つものであった。昭和12年（1937年）の金田平一郎「徳川幕府『過料』刑小考」は、「当時過料と云うは、普通に今日の罰金、科料及び過料等に該るもの」[12]といい、対馬藩などに見られる「科銀」「科銭」「科料」の名を用いるものも過料刑に含めている。[13]これによれば、江戸時代の過料と科料の相違は、徳川幕府法か藩法か、ということになる。

　国語の問題として見るならば、科料は「過料に同じ」[14]とされることから、江戸時代に両者の区別が明確であったとは言い難い。

9）『国史大辞典 3』（吉川弘文館、1982年）676頁。
10）　金田平一郎「徳川幕府『過料』刑小考」国家学会編『国家学論集：国家学会五十周年記念』（有斐閣、1937年）3頁。浅古弘・伊藤孝夫・植田信廣・神保文夫編『日本法制史』（青林書院、2010年）215頁以下参照。
11）　前掲注（9）677頁。
12）　金田・前掲注（10）5頁。
13）　金田・前掲注（10）4頁。
14）『国語大辞典　第二版　第二巻』（小学館、2001年）1130頁。

2 明治初期の金銭罰
1 多様な金銭罰

　徳川幕府法上の過料が広く「今日の罰金、科料及び過料等に該るもの」であったならば、明治期にそれはどのように分かれていったのか。明治13年旧刑法が制定される以前、明治新政府が裁判準則として用いていたのは明治3年（1870年）新律綱領、明治6年（1873年）改定律例であった[15]。これらには刑として金銭罰はなかったとされるが[16]、金銭罰は個別の法令に見られる。

　まず、「贖金」というものがある。明治5年（1872年）11月8日東京府達「東京違式詿違條例」、明治6年（1873年）7月19日太政官布告第256号「各地方違式詿違條例」は、内容的に同様のものであり、第1条「違式ノ罪ヲ犯ス者」、第2条「詿違ノ罪ヲ犯ス者」には、「贖金」という金銭罰が規定され[17]、「贖金」を支払うことができない者に対して、違式の場合は「笞罪」、詿式の場合は「拘留」が科せられることとなっていた（3条）。

　この「贖金」が「科料」となるのは、明治11年（1878年）10月21日太政官布告第33号「違式詿違條例中贖金ヲ科料ト改メ第三條改正」によってである。

　この他、「罰金」という金銭罰が見られる。たとえば、明治8年（1875年）6月28日太政官布告第110号讒謗律、同日太政官布告第111号「新聞紙條目ヲ廃シ新聞紙條例ヲ定ム」、明治10年（1877年）1月29日太政官布告第13号「府県廳布達ノ條規ニ違犯スル者ニ罰金ヲ科ス」には「罰金」が定められている。

　「過料」についていえば、根拠規定は明らかでないが、「過料」が用いられていた例が見られる。たとえば、「明治二年十月九日闕所物並過料捨物拂代等ハ捕亡牢内費用ニ充一ヶ年限リ決算」[18]、「明治三年三月十日闕所物並過料捨物拂

---

15) 手塚豊『明治初期刑法史の研究』（慶應義塾大学法学研究会、1956年）参照。
16) 「序説　近代刑法沿革略誌」『司法資料別冊第17号　日本近代刑事法令集』（1945年）、浅古・伊藤・植田・神保編・前掲注(10) 288頁以下参照。
17) 「東京違式詿違條例」『司法資料別冊第17号　日本近代刑事法令集』（1945年）623頁以下。
　　第一條　違式ノ罪ヲ犯ス者ハ七十五錢ヨリスクナカラス百五十錢ヨリ多カラサル贖金ヲ追徴ス
18) 太政類典・第一編・慶応三年〜明治四年・第百五十五巻・理財・出納順序。

代金處分」[19]、「明治四年二月大津縣下盗品取扱ノ者ヨリ徴収ノ過料金上納」[20]、「明治六年五月群馬縣ヨリ銃炮規則違背ノ輩過料金納方伺」[21]、「明治六年五月廿八日銃砲取締規則違犯者ヨリ没収ノ品ハ鎮臺ヘ過料錢ハ司法司ヘ納付」[22]、「明治六年四月廿二日酒造密造蠶種濫製規則ヲ訴ル者ヘ其過料金ノ内給與方」[23]、「明治十年七月廿四日米國人バッチェルトル滞租ノ過料免除」[24]、「明治十年七月廿五日開市場地代怠納ノ者過料ヲ廢シ利息ヲ課ス」[25]という記録が残されている。

裁判にも「過料」が適用された記録がある。明治4年（1871年）の裁判例には「九月廿日横濱碇泊ノ「アルス」（船号）ニ於テ先日東京ノ船頭ヲ砲撃シタル「ロスリンテウリー」（人名）ノ事ヲ裁判アリタリ同人六百「フランク」ノ過料ヲ出シ其上二ヶ年ノ入牢ヲ命ゼラレタリ」[26]とあるが、「過料」の根拠は記されていない。

明治初期の刑律である新律綱領、改定律例に金銭罰はないとするのが現代の通説的見解であるが、明治32年（1899年）に出版された清浦奎吾『明治法制史全』には、新律綱領の正刑として「科料」や「贖罪金」が挙げられている[27]。また、明治9年には改定律例の条文を廃し、太政官布告の形式で売淫取締のために過料が設けられた例がある。明治9年（1876年）1月12日太政官布告第1号「改定律例二百六十七條ヲ廢シ売淫取締懲罰ヲ警視廳並ニ各地方官ヘ任セラ

---

19) 太政類典・第一編・慶応三年〜明治四年・第百五十五巻・理財・出納順序。
20) 太政類典・第一編・慶応三年〜明治四年・第百五十六巻・理財・収入及支出金處分一。
21) 公文録明治六年第二百二十五巻明治六年五月・諸県伺。
22) 太政類典・第二編・明治四年〜明治十年・第三百四十八巻・治罪二・刑事裁判所二。
23) 太政類典・第二編・明治四年〜明治十年・第三百四十六巻・刑律一・刑律二。
24) 太政類典・第二編・明治四年〜明治十年・第七十七巻・外國交際二十・開港市一。
25) 太政類典・第二編・明治四年〜明治十年・第七十七巻・外國交際二十・開港市一。
26) 「新聞雑誌　第17号」明治4年10月『東京曙新聞復刻版』（柏書房、2008年）。
27) 清浦奎吾『明治法制史』（明法堂、1899年）日本立法資料全集別巻272号（信山社、2003年）493頁以下。

違式註違条例をめぐる司法省と内務省の権限関係について出された明治7年5月4日司法省伺（内田誠「明治前期における行政警察的取締法令の形成——違式註違条例から旧刑法第四編違警罪へ」早稲田法学会誌33号（1983年）41頁以下参照）では、違式註違条例は「刑法ノ一部分」に他ならないという論旨が紹介されている。個別の法令をも「刑法ノ一部分」として捉えることで、清浦奎吾のような説明の仕方になるのかもしれない。

ル」が発せられ、これを受けて明治9年1月23日内務省乙第9号達「過料三十圓懲戒六箇月以内適宜方法ヲ設ケ売淫取締処分セシム」が定められている。

2 個別法に規定された金銭罰の性質

個別の法令に規定された金銭罰の性質は、明治13年旧刑法と個別法令の関係から考えることができる。明治13年旧刑法の規定ぶりからすれば、本章が問題とする「過料」は刑罰であると言い得るものであった。明治13年旧刑法5条は「此刑法ニ正條ナクシテ他ノ法律規則ニ刑名アル者ハ各其法律規則ニ從フ　若シ他ノ法律規則ニ於テ別ニ總則ヲ掲ケサル者ハ此刑法ノ總則ニ從フ」と規定する。つまり、旧来、刑法にはない刑名が個別の法律にあり、明治13年旧刑法施行後も個別の法律に刑法に刑名のないものを規定し得るということを意味しているからである。

明治13年旧刑法5条の規定ぶりは、ボワソナード刑法草案や日本帝国刑法草案の文面と比較すると、少し異なったものとなっている。ボワソナード刑法草案には「第十條　特殊ノ犯罪ニ關スル法律ニ於テ現ニ記載セル特別ノ刑名及ヒ或ル職務又ハ職業ニ關スル法律規則中ニ現ニ包含セル懲戒處分ハ此刑法ニ於テ別段規定セサル諸件ニ關シテハ舊ニ依リ之ヲ適用ス可シ」[28]とある。旧来からある「現ニ記載セル特別ノ刑名」の存続を規定しているのであるが、明治13年旧刑法5条には「現ニ記載セル」という文言がなく、旧来からの特別の刑名を

---

28) ボワソナード（森順正・中村純九郎訳）『刑法草案註釈』（司法省、1886年）32頁。
中村義孝訳「日本帝国刑法典草案（1）（Projet de Code Penal pour l'Empire du Japon）」立命館法学329号（2010年）273頁「第10条〈特別な犯罪〉一定の特別な犯罪に関する法律により現実に科せられている特別な刑罰および一定の職務または職業に関する法令により現在定められている懲戒処分（mesure disciplinaire）は、本法典に別の定めがないすべてのことに対して継続して適用されるべきものとする。但し、本法典の総則規定は、それを補充すべきものとする。本法典の総則規定は、将来定められるべき特別の法令に関しては、当該特別の法令と明白に抵触しない限り、それを補充すべきものとする。」その原本について、「以下に訳出した原本は、その表題によれば、明治10年（1877年）8月に司法卿（Ministre de la Justice）から元老院（Senat）に提出された「日本帝国刑法草案」（Projet de Code Penal pour l'Empire du Japon）の仏文（4編479条）である。この仏文の草案には、起草者の名前もなく、また献辞もない。原本は、明治12年（1879年）8月にImprimerie Kokoubounsya, Tokio から出版されている。」と述べられている。

存続させる条文にとどまらない意味になっている。

　明治13年旧刑法制定以前から個別の法律にあった金銭罰、および制定以後に個別の法律に定められた金銭罰は刑罰であり得たと言い得るものであり、それは5条の規定が削除される明治40年刑法の制定まで続くことになる。

3　刑罰としての科料――違式註違条例へのボワソナード刑法草案の影響

　金銭罰の刑罰としての性質が明確化されたのは、明治13年旧刑法の制定による。明治13年旧刑法中に規定された金銭罰は罰金と科料であった。

　明治13年旧刑法は軽罪の主刑として罰金、違警罪の主刑として科料を規定したが、罰金も科料も、フランス語ではともに罰金であり、ボワソナード刑法草案では質的な刑種の区別として考えられていなかったとされる。ボワソナード刑法草案第14条 l'amende de simple police の訳語には「科料」が用いられているが、直訳は「違警罪の罰金」である。

　違式註違条例にいう違式註違の罪とは「警察上過誤ノ微罪ニシテ律例ニ照シテ處断スルニ至ラサル者」である。明治5年11月8日東京府達「東京違式註違條例」、明治6年7月19日太政官布告第256号「各地方違式註違條例」は、明治13年旧刑法違警罪の前身であるとされる。明治13年旧刑法の制定に伴ってこの太政官布告は消滅し、明治13年旧刑法第四編に違警罪が規定されることとなっ

---

29)　第八條　左ニ記載シタル者ヲ以テ輕罪ノ主刑ト爲ス
　　　一　重禁錮
　　　二　輕禁錮
　　　三　罰金
30)　第九條　左ニ記載シタル者ヲ以テ違警罪ノ主刑ト爲ス
　　　一　拘留
　　　二　科料
31)　小野坂弘「罰金刑制度の再検討（一）」法学29巻3号（1965年）65頁以下参照。
32)　ボワソナード・前掲注（28）99頁参照。
33)　前掲注（17）641頁。実際上、刑律の条件と抵触することがあり、「違式註違ノ罪ノ本質」について司法省伺が出され（明治6年（1873年）12月17日司法省伺）、明治7年（1874年）1月28日太政官指令は「凡違式註違ノ罪ハ警察上ノ微罪ニシテ罪目中律例ニ類似スル條件アリト雖相抵触スル了ナカル可シ」として、これを条例の末款へ追加すべきとする。

た。

　違式註違条例とボワソナード刑法草案の関係については、二つの異なった見方がある。一つは、「ボワソナード草案をもとに日本刑法草案を作る際に、amende de simple police が違警罪に対する刑罰であることから、違警罪の前身たる「違式註違条例」の刑罰であった「科料ト名」つけたものと思われる」というもの、もう一つは、「日本刑法草案、旧刑法の第四編違警罪は五年十一月の東京違式註違条例、六年七月の地方同条例の後身であるが、仏刑法の継受があるので、ボワソナードの関与が想像される」というものである。

　どちらが、どのように、影響を与えたのか。『刑法草案註釈』に「科料」という訳語が当てられた経緯は記されていないが、違警罪に対して「科料」という刑罰を与えるという点からすれば、ボワソナード刑法草案から日本刑法草案を作成する過程が違式註違条例に影響を与えたのではないかと考えられる。なぜなら、そもそも違式註違条例の金銭罰は「贖金」であり、明治11年（1878年）10月21日太政官布告第33号「違式註違條例中贖金ヲ科料改メ第三條改正」により「贖金」から「科料」へ改められたからである。

　まずボワソナード刑法草案から日本刑法草案を作成する過程が違式註違条例に影響を与えて「贖金」から「科料」に改まり、その後、明治13年旧刑法の違警罪がその条例の用語法に揃える形で「科料」と規定されたのではないだろうか。

Ⅲ　明治23年商法、明治29年民法、明治32年商法と過料の性質

　明治13年旧刑法制定によって、罰金と科料が刑罰であることが明確となった。にもかかわらず、明治13年旧刑法制定後、立法者が罰金と科料を用いずにあえて「過料」を用いた立法例に、商法、民法など、現代法に引き継がれる重要な法律がある。

---

34)　小野坂・前掲注（31）66頁。
35)　新井・前掲注（8）「旧刑法の編纂（一）」66頁文末注（23）。
36)　日本刑法草案第四編違警罪と三編の再校正草案の編纂が終了し、四編が元老院に提出されたのは明治10年（1877年）8月であるとされる。

前述したように、明治13年旧刑法5条の規定によれば、刑法典以外の法律に特別の刑名を用いることが可能であったから、明治13年旧刑法制定から明治40年刑法制定までの間に法律に用いられた「過料」は、刑罰と捉えることも可能である。はたして、その性質はどのように理解されていたのか、なぜ「過料」が用いられることとなったのかを以下に考察する。

1　明治23年商法における過料の導入

　明治23年（1890年）に制定された商法（明治23年4月26日法律第32号、明治32年廃止。以下、明治23年商法という）第6章商事会社及ヒ共算商業組合「商事会社総則」第四節罰則には、過料（256条、257条、258条、259条、260条）、罰金（262条、263条）、重禁錮（262条）の三種が用いられている。

　過料が用いられているのは、業務担当社員または取締役の登記義務懈怠・登記前営業（256条）、株式会社取締役の株主名簿不正記載・会社解散手続に関する義務違反（257条）、株式会社取締役の216条株金払戻禁制違反・217条会社自己の株券取得・質取・公売禁止違反・218条公告義務違反・219条利子配当金分配規定違反・225条検査官吏の検査拒否（以上、258条）、株式会社清算人の243条公告義務懈怠・253条破産手続開始義務懈怠（259条）、株式会社清算人の244条債権者に対する支払規定違反・249条会社財産の分配規定違反（260条）に対する制裁である。

　他方、業務担当社員、取締役、監査役または清算人について262条は、会社の財産の現況若しくは業務の実況につき故意に不実の申立てを行い、または不正に現況・実況を隠蔽したるとき、公告中に詐欺の陳述を行い、または事実を隠蔽したるときに、罰金ないし罰金と重禁錮を併科する。他の条文の場合よりも「一層危険ヲ生スル」ものであるから、「刑事上ノ犯罪ト爲シ輕罪ニ處スヘキ」と説明される。[37] 263条は、発起人が株式申込みについて詐偽の記載をした場合に罰金に処すものであるが、「一般世人ヲ誤ラシメ社会ノ危害ヲ来ス」も

37）　手塚太郎『商法詳解　上巻』（宝文館、1890年）358頁以下参照。

のであるから罰金が科せられている。[38]罰金ないしは罰金・重禁錮併科が用いられた違反事由と過料が用いられた違反事由を比較した場合、一般社会への影響度という観点から両者を区別し得ると思われる。その行為を「刑事上ノ犯罪ト爲シ軽罪ニ處スヘキ」と考えられるものであるならば刑罰をあてることが相応しいが、「軽罪」すなわち罰金をあてるには至らない程度のものに対して、どのような制裁が相応しいかが問題となる。

　明治23年商法制定過程をたどれば、罰則に初めから過料が用いられていたわけではない。「ロエスレル氏起草商法草案」総則第三章株式会社第十七款罰則に用いられていたのは、過料ではなく罰金であった。[39]それが法律取調委員会の議論において、二か条に罰金を残して、他の条文では過料となったのである。『商法草案議事速記　第四巻』に残る罰則をめぐる議論を見ると、罰則に罰金を用いることについて違和感を覚える委員の意見が噴出している。[40]委員において商法違反に対して罰則が必要な点については一致していたが、刑法に定めのある刑罰とすることに不都合が感じられたのである。

　それは科罰手続をめぐる議論において決定的になる。罰則を刑法上の罰金とするならば、それは刑事訴訟手続を定める治罪法（明治13年太政官布告第37号）によって裁かれなければならない。委員の関心は、罰金を支払うことができなかった場合にどうなるのか、という点に集まった。会社が支払うのか、刑法の規定に従って贖われるのかが重要であった。

　委員は、会社が支払うということには承服できないが、さりとて治罪法に基づいて公訴の手続をとり商法違反の罰金が科されることに抵抗感を覚える。刑

---

38)　手塚・前掲注 (37) 360頁参照。
39)　「ロエスレル氏起稿商法草案」（国立国会図書館デジタルコレクション）参照。
40)　たとえば「ロエスレル氏起稿商法草案」261条について「本当ノ罰金ハ一回位催促カアッテカラノ方カ宜シイ」「之ハ私法ニ科スルノタカラ人ノ●ヲ妨ケタ●ト云ウ罰金トハ違ウ登記公告ヲシナケレハ自分カ損カ行クソト云ウ位テ良イノタ（筆者注：文中●は文字が潰れていたため判読できず）」（商法草案議事録速記第四巻四ノ二頁）、同263条について「商法中ノ規則ニ背イタモノハ五圓以上五十圓以下ノ罰金ニ科スルト云ウノハ随分大変ナ話タ」（商法草案議事録速記第四巻四ノ十二頁）、同266条について「之ノ治罪法ノ手続ヲ須ヒナイカラ禁錮ニ換ヘルコトハシナイ」「ソウスルト罰金トハ云ヘナイ」等。

法には罰金ではなく低額の科料もあるが、科料は「違警罪」に対して用いられるものであるから、商法違反を「違警罪」と並べることとなり、科料とすることに賛意は集まらない。そして、ある委員から「裁判所ノ命令」で科すことのできる過料が提案されたのである。治罪法という手続では「鄭重過ぎ」、利害がその手続に見合っていないという理由から、他の委員はその提案に賛成している[41]。

　法律取調委員会の議論によって罰則は刑法上の罰金から「過料」へ修正されたが、その「過料」の性格は曖昧なままであった。修正の主眼は治罪法の適用を外し、「裁判所ノ命令」によって科すことのできるものとすることであった。「過料」とすることは、「元トノ様ニ過料トカ何トカ分カラン名ヲ付ケテ置ク」「(委員長)過料ト云ウ字ガ良ケレバ過料ニ決シマス」というものだったからである[42]。

　科罰手続は明治23年商法においては、261条の一か条が置かれることとなった[43]。逐条解説書である井上操『日本商法講義』は、科罰手続の観点から過料を刑事上の罪ではないとする。過料が裁判ではなく「裁判所ノ命令」によって科されるという明治23年商法261条の規定について、「過料ハ科料にあらず故に亦違警罪にあらず違警罪にあらざるが故に刑事上の罪にあらず刑事上過料ハ科料にあらざるが故に裁判を以て言渡さずして命令を以て之を言渡す而して其命令に對してハ即時抗告を爲すことを得べし」[44]という。

---

41) 提案したのは村田委員である（商法草案議事録速記第四巻四ノ十八頁以下参照）。村田委員は「過料」を提案する前に、罰金に替えて「科料」としたらどうかということも提案している（商法草案議事録速記第四巻四ノ十五頁）。罰金ではなく低額の科料だったら払えるだろう、という意味ではないかと思われる。速記であるため文意を把握し難い箇所が多い。過料は昔から使われている、科料も罰金も元はなかった、と記されている。

42) 商法草案議事録速記第四巻四ノ十九、四ノ二十一頁。
　明治23年商法の英訳である司法省記録課編纂『Commercial Code』（八尾書店、1892年）は、過料をa fine、罰金をa penaltyと訳し分けている。

43) 第二百六十一條　前數條ニ掲ケタル過料ハ裁判所ノ命令ヲ以テ之ヲ科ス但其命令ニ對シテ即時抗告ヲ爲スコトヲ得
　過料ノ辨納ニ付テハ業務擔當ニ任アル社員、取締役又ハ清算人連帯シテ其責任ヲ負フ

44) 井上操『日本商法講義』（大阪国文社、1890年）173頁。

科罰手続の観点から明治期の罰則を考察することは、非常に重要であると思われる。

2　明治29年民法と穂積陳重の答弁

　明治29年民法（明治29年4月27日法律第89号）の罰則規定には過料が用いられている。過料は民法84条に規定されている。[45]

　法人の理事、監事または清算人に過料を科すことができる旨の規定は、起草委員の原案である明治26年（1893年）「主査会甲号議案」82条に既にある。83条には科罰手続規定が置かれ、それは明治23年商法261条の規定ぶりと同様に「裁判所ノ命令」によって科せられるものであったが、その条文は明治28年（1895年）の修正案では無くなっている。[46]

　明治29年（1896年）3月3日衆議院民法中修正案委員会速記録には、議員から、民法84条に規定された過料額は五圓以上二百圓以下であるから、この額からすれば「科料」ではないが罰金としてもよかったのではないか、という質問が見られる。政府委員穂積陳重はこれに答えて、刑法上の科料、罰金には額に定まりがあること、「過料」という字を用いたのは刑法の文字を避けたこと、本条の罰則は民法上の罰則であって、普通の刑事訴訟手続ではなく特別なる裁判所の命令によって之を科すことができること、「過料」は随分これまでも使っている文字であるからこの文字を用いたといい、そして、刑法との関係に

---

45)　第八十四條　法人ノ理事、監事又ハ清算人ハ左ノ場合ニ於テハ五圓以上二百圓以下ノ過料ニ處セラル
　　一　本章ニ定メタル登記ヲ爲スコトヲ怠リタルトキ
　　二　第五十一條ノ規定ニ違反シ又ハ財産目錄若クハ社員名簿ニ不正ノ記載ヲ爲シタルトキ
　　三　第六十七條又ハ八十二條ノ場合ニ於テ主務官廳又ハ裁判所ノ檢査ヲ妨ケタルトキ
　　四　官廳又ハ總會ニ對シテ不實ノ申立テヲ爲シ又ハ事實ヲ隱蔽シタルトキ
　　五　第七十條又ハ第八十一條ノ規定ニ反シ破産宣告ノ請求ヲ爲スコトヲ怠リタルトキ
　　六　第七十九條又ハ第八十一條ニ定メタル公告ヲ爲スコトヲ怠リ又ハ不正ノ公告ヲ爲シタルトキ

46)　佐野智也氏による名古屋大学大学院法学研究科「明治民法情報基盤」サイト参照。http://www.law.nagoya-u.ac.jp/jalii/meiji/civil/

ついて、双方互いに相妨げない、全く別のものの積り、「誠ニ特別ナ性質ヲ持チマシタモノ」と述べる。

　現代に伝わる、過料と刑法上の刑罰は重ねて科すことを妨げないとする考え方は、この穂積陳重の答弁に由来するのではないだろうか。

3　小括——明治40年刑法による過料の変質
1　刑罰としての側面

　「過料」を「特別ナ性質」を持つものだという穂積陳重の説明は、当時、どのように理解されたのか。明治30年（1897年）岡松参太郎『訂正二版　註釈民法理由』は84条について、「『罰金』——此罰金ハ行政罰ナリ純然タル刑罰ニ非ス」と記している。「過料」ではなくあえて「罰金」としていることから、過料の刑罰としての性質に着目した記述であると思われる。

　現代の商法に通じる明治32年商法（明治32年3月9日法律第48号）は、第二編第七章罰則を置いたが、明治23年商法にあった罰金、重禁錮はなく、過料のみである。明治23年商法では罰金、重禁錮があった262条は、明治32年商法においては「十圓以上千圓以下ノ過料」に処することとされた。商法に罰則として再び刑法上の刑罰が用いられるのは、昭和13年法改正によってである。明治13年旧刑法は罰金額を「二十六條　罰金ハ二圓以上ト爲シ仍ホ各本條ニ於テ其多寡ヲ區別ス」と定めているから、明治32年商法262条の過料は、罰金よりも下限が高い。また、その上限は千圓であるから、額はかなり幅広く設定されている。罰金から過料へと変えたことは、罰則を「軽く」したわけではない。

　明治32年商法の逐条解説書である安東俊明・古閑又五郎『改正商法講義』には、第七章罰則について「其刑罰ハ何レモ過料ナリ」とある。過料の性質は刑

---

47)　第9回帝国議会衆議院民法中修正案委員会速記録第3号明治29年（1896年）3月3日23頁。

48)　岡松参太郎『訂正二版　註釈民法理由』（有斐閣書房、1897年）140頁。

49)　第二百六十二條　發起人、會社ノ業務ヲ執行スル社員、取締役、外國會社ノ代表者、監査役又ハ清算人ハ左ノ場合ニ於テハ十圓以上千圓以下ノ過料ニ處セラル
　　一～十（略）

50)　安東俊明・古閑又五郎『改正商法講義』（丁酉社、1899年）183頁。

罰として理解されているのである。明治13年旧刑法下では個別法によって特別の刑名を設けることも可能であるから、過料を刑罰として理解することも可能であった。前述したように、明治23年商法制定過程において、過料はその性質を非常に曖昧なままに導入されたため、明治32年商法においても、その性質は明確ではないといえよう。

　他方、科罰手続は明確化され、特別な手続が法定された。明治32年商法の過料は、明治31年非訟事件手続法によることとなった。前述した明治29年民法の穂積陳重の答弁においても、手続を別に定めるつもりだ、とある。明治31年非訟事件手続法を意図したものであろう。[51]「此過料ハ損害ヲ蒙リタル者カ之ヲ訴ヘルト否トニ關ハラス検事ヨリ裁判所ニ訴ヘテ所分スルモノ」[52]となり、「裁判所ノ命令」によって科されたものは過料裁判となった。

2　明治40年刑法制定による非刑罰化

　明治40年刑法の制定により、罰則としての過料について、ある部分は明確になり、ある部分は一層曖昧なものとなった。

　第一に、刑法上、過料は刑罰ではないことが明確になった。明治40年刑法は、明治13年旧刑法が重罪、軽罪、違警罪を旧刑法6条、7条、8条、9条、10条にまたがって定めていたのに対して、刑法上の刑の種類のみを9条に「死刑、懲役、禁錮、罰金、拘留及ヒ科料ヲ主刑トシ沒收ヲ附加刑トス」と定めたからである。第二に、刑法総則適用の有無が明確になり、過料に刑法総則は適用されないことが明らかになった。明治40年刑法8条が「本法ノ總則ハ他ノ法令ニ於テ刑ヲ定メタルモノニ亦之ヲ適用ス但其法令ニ特別ノ規定アルトキハ此

---

51)　非訟事件手続法は明治23年10月3日法律第95号として制定されたが、明治23年非訟事件手続法にはまだ過料裁判手続に関する規定がなかった。明治23年非訟事件手続法は明治31年6月21日に廃止され、過料裁判の規定を備えた非訟事件手続法が同日新たに法律第14号として定められたのである。政府委員は、明治23年非訟事件手続法がごく簡単なものであって手続の規定がほとんどなかったこと、また、修正民法ないしは修正商法により非訟事件となるものが増えた、裁判所の処分や許可を要することが民法商法に規定が多くあるようになった、といった説明をする。貴族院議事速記録第15号明治31年（1898年）6月7日226頁以下参照。

52)　安東・古閑前掲・注(50)183頁以下。

限ニ在ラス」と定めたからである。

　これに対して、一層不明になったのは、「過料とはいかなるものか」という点である。明治13年旧刑法5条には「此刑法ニ正條ナクシテ他ノ法律規則ニ刑名アル者ハ各其法律規則ニ従フ」とあった。刑法に刑名のない刑罰であり得ることは過料の一側面であったが、刑法から「此刑法ニ正條ナクシテ他ノ法律規則ニ刑名アル者」が消え、明治40年刑法9条が刑の種類を限定したことによって、刑法以外の他の法律規則にあった「刑名アル者」は刑罰としての性質を失ったことになるのである。

Ⅳ　明治期行政法における過料

1　強制罰（執行罰）としての過料の導入

　明治23年商法、明治29年民法、明治32年商法は制裁として過料を用いているが、同時期、行政法分野では、制裁ではなく強制のために過料を用いる立法がなされた。執行罰としての過料である。執行罰としての過料は、一般法である行政執行法（明治33年法律第84号）よりも個別法である河川法（明治29年法律第71号）、砂防法（明治30年法律第29号）のほうが古い。明治29年河川法は、代執行（52条）、執行罰（53条）、河川視察の職務を有する官吏に警察官の職権を執行させる（57条）、命令により刑罰（罰金、禁錮）を設ける（58条）、という仕組みを監督処分および強制手続として備えた法律であり、明治30年砂防法の執行罰は明治29年河川法に範をとったものと思われる。

　河川法案をめぐる貴族院での質疑応答から、法律に執行罰として過料を用いるのが初めてであること、千圓という額がかなり高額であること、ヨーロッパ

---

53)　佐々木英光編『改正刑法　旧刑法対照』（中央法律学館、1907年）7頁以下参照。
54)　河川法は昭和39年（1964年）に新しい河川法の制定に伴って廃止されたが、砂防法は現在もなお残る。砂防法が現代行政法学の教科書に登場するのは、執行罰を廃止するはずの「整理漏れ」として紹介されるが、河川法にも昭和39年に廃止され新法が制定されるまで執行罰の規定は残されていた。河川法はわが国の代執行、執行罰の原型を規定した法律であった。砂防法の規定を「整理漏れ」と位置付けたことは早計ではないかと思われる。

諸国の法に学んで取り入れたこと、執行罰としての過料を科する処分について出訴が可能であることが読み取れる。しかし、53条の過料に関する関心が高かったとは言い難い。幕藩時代から続く河川管理について、初めて全国統一的な河川に関する規範を作ろうとするのであるから、議論の重心はあくまで河川管理にあり、また、河川管理に関する費用負担が高額であることから、費用負担に関する関心が高かったのである。

　行政執行法と河川法の規定を比較した場合、大きな違いは二点ある。第一に、河川法には納付された「保証金」を過料に充用できる仕組みがある。この保証金の規定は砂防法にもあり、国税徴収法の適用と先取特権の規定に加えて、過料徴収について手厚い印象を受ける。第二に、河川法には強制のための措置を「行政処分」の形式で発することができる旨の規定（56条）が置かれている。一般法である行政執行法制定前という事情から、このような条文によって法形式を明確にすることが必要であったと思われる。明治29年民法の過料は非訟事件手続法に基づき裁判所が裁判の形式で過料を科すのであるから、強制と制裁の区別は、手続と法形式にも表れている。

　　河川法
　　第五十三條　　私人ニ於テ此ノ法律若ハ此ノ法律ニ基キテ發スル命令ニ依ル義務ヲ怠ルトキハ主務大臣若ハ地方長官ハ一定ノ期限ヲ示シ若期限内ニ履行セサルトキ若ハ之ヲ履行スルモ不十分ナルトキハ千圓以内ニ於テ規定シタル過料ニ處スルコトヲ予告シテ其ノ履行ヲ命スルコトヲ得
　　第五十四條　　此ノ法律若ハ此ノ法律ニ基キテ發スル命令ニ規定シタル事項ニ關シ納付セシメタル保證金ハ行政廳ニ於テ直ニ其ノ納付ノ目的又ハ過料ニ充用スルコトヲ得
　　第五十五條　　此ノ法律若ハ此ノ法律ニ基キテ發スル命令ニ依リ私人ニ於テ負担スヘキ費用及過料ハ此ノ法律ニ於テ特ニ民事訴訟ヲ許シタル場合ヲ除クノ外行政廳ニ於テ國税滯納處分法ニ依リ之ヲ徴収スルコトヲ得
　　　前項ノ費用及過料ニ付キ行政廳ハ國税ニ次キ先取特權ヲ有スルモノトス
　　　此ノ法律若ハ此ノ法律ニ基キテ發スル命令ニ依リ公共團體ニ於テ負擔スヘキ費用ニ關シテハ此ノ法律ニ於テ特ニ民事訴訟ヲ許シタル場合ヲ除クノ外主務大臣若ハ地方長官ハ必要ナル場合ニ於テハ金額ヲ定メテ之ヲ其ノ豫算表ニ掲ケ其ノ他必要ナル

---

55)　第9回帝国議会貴族院議事速記録第41号明治29年（1896年）3月24日559頁。

處分ヲ指揮シ直ニ其ノ金額ヲ支出セシムルコトヲ得
第五十六條　此ノ法律若ハ此ノ法律ニ基キテ發スル命令ニ依リ行政廳ニ付与シタル職權ハ行政處分ニ依リ之ヲ強制スルコトヲ得
　行政廳ノ許可若ハ認可ニ附シタル条件ニ關シテモ亦本條及ヒ前條ヲ準用ス

行政執行法
第五條　當該行政官廳ハ法令又ハ法令ニ基ツキテ爲ス處分ニ依リ命シタル行爲又ハ不行爲ヲ強制スル爲左ノ處分ヲ爲スコトヲ得
　一　自ラ義務者ヲ爲スヘキ行爲ヲ爲シ又ハ第三者ヲシテ之ヲ爲サシメ其ノ費用ヲ義務者ヨリ徴收スルコト
　二　強制スヘキ行爲ニシテ他人ノ爲スコトヲ能ハサルモノナルトキ又ハ不行爲ヲ強制スヘキトキハ命令ノ規定ニ依リ二十五圓以下ノ過料ニ處スルコト
　前項ノ處分ハ豫メ戒告スルニ非サレハ之ヲ爲スコトヲ得ス但シ急迫ノ事情アル場合ニ於イテ第一號ノ處分ヲ爲スハ此ノ限ニ在ラス
　行政官廳ハ第一項ノ處分ニ依リ行爲又ハ不行爲ヲ強制スルコト能ハスト認ムルトキ又ハ急迫ノ事情アル場合ニ非サレハ直接強制ヲ爲スコトヲ得ス
第六條　第三條及第五條ノ費用及第五條ノ過料ハ國税徴收法ノ規定ニ依リ之ヲ徴收スルコトヲ得
　行政官廳ハ前項ノ徴收金ニ付國税ニ次キ先取特權ヲ有ス
　第一項ノ費用及過料ニ關スル繰替支辨、收入ノ所屬其ノ他必要ナル事項ハ勅令ヲ以テコレヲ定ム

2　一般法としての行政執行法

　明治期の行政法教科書や逐条解説書には、執行罰ではなく「強制罰」という用語を使用しているものがある。「強制罰」のほうが行政執行法5条に規定された過料の性格をより良く表していると思われるが、いつ頃から強制罰に代わって執行罰という用語がもっぱら使用されることとなったのかは不明である。明治期から「執行罰」という用語を用いているのは織田萬、美濃部達吉である。

　行政執行法案が審議された第14回帝国議会では治安警察法案に関心が集中し、行政執行法案に関する議論はほとんど見られない。行政執行法案に関するわずかな質疑応答は、1条から4条までの即時強制に関するものであって5条の行政上の強制執行に関するものではないが、5条がプロイセン法に学んで導

入されたことが明らかにされている[56]。明治33年（1900年）に出版された『行政執行法同法施行令詳解』によれば、同法5条が「過料」という文字を用いたのは、従来刑法以外の特別法においては過料の語を用いることが多く、本条の過料が刑罰である科料ではないことを示すために殊にこれを用いたのだという[57]。

　戦前の執行罰は、その有用性について評価が低かった。行政執行法5条の過料および府県条例・市町村条例に定めのある過料を除いて、法律に規定された過料は明治31年非訟事件手続法に基づき民事裁判所が科する。裁判所を介在させないことが行政執行法5条過料の特徴であり、行政官庁にとって利点であるはずが、執行罰としての過料はほとんど用いられることがなかった。昭和23年（1948年）4月6日第2回国会司法委員会における佐藤達夫政府委員による説明、同年8月10日発行『警察研究』に掲載された田中二郎「新行政執行制度の概観（一）」によれば、「執行罰については、その効用比較的乏しく、罰則による間接の強制によつておおむねその目的を達し得るものと考えられ」ると、執行罰を廃止する理由を述べている[58]。

　有用性が低い理由の一つに、その手続的負担が挙げられる。執行罰は、過料を科する手続と過料を徴収する手続から成っているが、昭和5年（1930年）に出版された『警察強制の研究』によれば、執行罰は「警察義務強制の手段としては徒に手続が煩雑にして実効なく、殆んど其の用を為さざるの観がある」[59]という。しかし、かかる手続的な負担感は、代執行や直接強制、即時強制という実力の行使を当然としていた時代ゆえに感じられると思われる。実力の行使が容易であれば、手間のかかる執行罰よりも、即効性のある実力の行使が手段として選択されるのではないだろうか。

　また、執行罰の有用性の問題は、代執行の優先という問題からも考えること

---

56) 第14回帝国議会貴族院治安警察法案外一件特別委員会議事速記録第1号明治33年（1900年）2月21日、衆議院治安警察法案及行政執行法案審査特別委員会速記録第1号明治33年（1900年）2月16日。
57) 大庭重治・皆木ト一郎著『行政執行法同法施行令詳解』（榊原書店、1900年）115頁。同書は執行罰ではなく強制罰という。
58) 佐藤達夫政府委員の説明と田中二郎の論文の文言は、ほぼ同じである。
59) 三田村武夫『警察強制の研究』（松華堂、1930年）20頁以下。

ができる。明治39年（1906年）に出版された市村光恵『行政法原理』は、代執行と強制罰（執行罰）を併科することはできないとする。「強制罰ハ代執行ヲナスノ不能ナル場合ニ科スルモノナンハナリ」と、ヘッセン、プロイセンでは強制罰は代執行が不能な場合にのみ適用される例を挙げて、日本法も同様であると説明している。[60]

3　明治期・大正期の美濃部達吉

「行政刑法」概念を最初に論じたのは美濃部達吉であるという。刑法学では美濃部達吉の提起した「行政刑法」に係る論点を高く評価するようである[61]。しかしながら、「行政刑法」ではなく「行政罰」という観点から明治期・大正期の美濃部達吉の著作を眺めれば、現代に残る「行政罰」ないしは「秩序罰」の萌芽がある一方で、後に教科書から消えた主張も見られる。

本章冒頭で言及したように、明治期・大正期の美濃部達吉の著作には過料を刑罰と捉える「過料トイフ刑名」という記述が見られたのであるが、これが後に見られなくなった。本稿が用いた大正3年『日本行政法　上』の初版は明治42年（1909年）である。つまり、美濃部の見解は、明治40年刑法が制定された後、過料が刑罰の一側面を失った後にあえて過料を刑罰と捉えるものであった。

昭和9年「行政罰法の統一と其の通則」、昭和14年『行政刑法概論』という「行政刑法」関係の著作においては、過料の性質を論じること自体がなくなっている。大正14年（1925年）に出版された『行政法撮要』では、過料を「全ク刑法ニ定ムル刑ト名称ヲ異ニスル處ノ」「過料ハ形式上ニ於テモ全ク刑法上ト区別セラレ、随テ刑法総則及刑事訴訟法ノ適用ヲ受ケズ」[62]と説明しているが、美濃部達吉が主張を変えた理由は述べられていない。

執行罰の性質に関する理解も変わっている。明治期に美濃部達吉は私立大学

---

60)　市村光恵『行政法原理』（宝文館、1906年）198頁、200頁参照。
61)　樋口亮介「法人処罰」ジュリスト1348号（2008年）69頁以下、今村暢好「行政刑法の特殊性と諸問題」松山大学論集23巻4号（2011年）155頁以下参照。
62)　美濃部達吉『行政法撮要』（有斐閣、1925年）第二編各論29頁。初版は大正13年（1924年）である。

で教鞭をとり、教科書が有斐閣の明治42年『日本行政法　上』に先立って出版され、現存している。『法学博士美濃部達吉講述　行政法総論』(早稲田大学出版部、出版年不詳)、『法学博士美濃部達吉講義　行政法』(中央大学、明治41年、42年)では、行政上の強制執行の手段である執行罰を、行政処分の形式をとる「處罰」(以下、処罰とする)と捉えていることが目を引く。

　美濃部達吉のいう「処罰」とは、「不法行為に対する結果として国家の科する苦痛」であり、特別の法規によって行政処分の形式で科する、1)違警罪即決例(明治18年9月太政官布告第31号)に基づく「違警罪即決処分」(科料、拘留)、2)間接國税犯則者處分法(明治33年法律第67号)に基づく「間接國税犯則者ノ處分」(罰金、科料)、3)市制町村制(明治21年法律第1号)91条に基づく「市町村條例反則者ニ對スル市町村長ノ處分」(科料)、4)「所謂執行罰」(過料)の四つを挙げている。

　執行罰を「処罰」に含めるのは、この時代にあっては特異な見解である。他の論者は行政執行法に規定された強制執行の手段を強制と捉え、制裁を目的とする「処罰」とは区別するからである。執行罰は処罰であるけれども強制手段としての目的を有し、全く刑罰とその性質を異にするという。しかし、執行罰を「処罰」に含めるという見解は、大正3年『日本行政法　上』では「処罰」に含めない見解に変わっているのである。

　「過料トイフ刑名」という記述、執行罰を「処罰」に含めるという見解は、美濃部達吉の明治期における「過料」に関する理解の特異さの一端を表すものではないだろうか。

---

63)　市制町村制は明治44年(1911年)に全面改正され、この改正により、市制町村制において用いられる罰則は科料ではなく過料となった。須藤・前掲注(1)14頁以下。

64)　美濃部達吉『法学博士美濃部達吉講述　行政法総論』(早稲田大学出版部、出版年不詳)197頁以下、同『法学博士美濃部達吉講義　行政法』(中央大学、1908年・1909年)197頁以下参照。

65)　美濃部・前掲注(2)197頁参照。

結　び

　明治40年刑法によって、商法、民法といった私法分野で制裁として用いられる過料が刑罰ではないということが明確になった。しかし、それによって特に新たな性質を得たわけではない。刑罰としての側面を失っただけである。他方で、行政法分野において明治期に導入された執行罰としての過料は、当初から刑罰としての性質を意図したものでなかった。それは、一般法である行政執行法において、明治期に過料処分について裁判所による救済が講じられていないことからも明らかである(66)。

　明治20年代から30年代にかけて商法と民法に導入された過料は、刑事訴訟手続を避けるために「昔から使われていた」過料が充てられたが、その「昔」とはいつの時代を指しているのであろうか。徳川幕府法までさかのぼるのか、あるいは明治初期の過料を指しているのか、筆者は断定できない。ただ、わが国の過料が外国法の影響を受けて導入されたものでないことは、明治23年商法制定過程の議事録から明らかである。他方で、執行罰としての過料は、プロイセン法の影響を受けて導入されたものである。

　現代において「過料とはいかなるものか」という問いに答えることが困難であるのは、過料の由来に無関心なまま、学説において比較法研究の成果が積み重ねられた結果ではないだろうか。各個別法に存する過料制度は多様である。過料制度を類型的に考察することが必要であろう。

　現代からすれば、明治32年商法262条や民法84条（平成18年削除）は、行政法学で扱う問題ではなく、私法上の罰則に過ぎないと思われるかもしれない。しかし、戦前の行政法学において、明治32年商法262条や民法84条の過料は、行政罰のうち警察罰として理解されていたのであって(67)、行政法における過料と

---

66) 河川法案の審議において、政府委員は河川法には過料処分について出訴を可能とする条文があると答えているが、一般法である行政執行法では過料処分について出訴は認められなかったようである。市村・前掲注 (60) 201頁参照。

67) 「過料」(佐々木惣一執筆)『法律学辞典　第一巻』(岩波書店、1934年) 288頁。

切り離して考えることはできない。戦後、なぜ行政法学において私法における過料を守備範囲外とするようになったのか。行政法学の守備範囲外とすることによって、法律学において「過料」論一般を論じるフィールドが失われたのではないだろうか。

第2章

明治期行政法と「行政罰」

I　明治期行政法の体系化と「行政罰」

1　織田萬、穂積八束

　田中二郎によれば、体系的な行政法の書物を最初に公刊したのは、明治27年(1894年)の織田萬『行政法論綱』であるという。この書物は現存しないが、翌明治28年(1895年)に出版された織田萬『日本行政法論』が残る[1]。織田萬は、主としてフランス法の影響を受けて『日本行政法論』をまとめたのであるが、外国の制度との比較を論じるのではなく、現行法規に基づいてその原理をまとめるという執筆姿勢を明らかにしている[2]。したがって、外国の法制度や法理論を紹介・輸入する書物ではない。

　明治28年『日本行政法論』は、行政執行法(明治33年法律第84号)制定前の書物である。「行政罰」と「秩序罰」という用語が見られないばかりか、総論・各論

---

1) 田中二郎発言「行政法学界の回顧と展望(2)」法律学全集月報8号(1957年)1頁参照。田中二郎は、「この本については織田先生自身が国家学会の紹介講演に来られて、自分が『行政法論綱』という本を書いたときにはまだ日本では行政法のまとまった本が一冊も出ていない、これが最初の体系的な書物だということを非常に誇らしく話しておられました。」と回想する。しかし、書名、および刊行年について、田中二郎の記憶違いではないかと思われる。

2) 織田萬『日本行政法論』(有斐閣書房、1895年)「序」3頁。

の目次に処罰と強制に関係する項目がない。わずかに、各論である警察法の「第四節　警察命令及警察處分」「第一　警察命令」の本文中に罰則、「第二　警察處分」の本文中に強制の文言が見いだされる。

警察命令は臣民に対して「或ル行為若シクハ不行為ヲ命スル」ものであり、その命令違反に対して罰則を付することが可能であった。警察命令に罰則を付する根拠は、「命令ノ條項違犯ニ關スル罰則ノ件」(明治23年法律第84号)、「省令廳令府縣令及警察令ニ關スル罰則ノ件」(明治23年勅令第208号) である。明治23年法律第84号、明治23年勅令第208号の定めからすれば、警察命令に付することができる罰則は列記された刑罰であり、過料は含まれない。したがって、警察命令の範疇で論じられる罰則は列記された刑罰に限られ、過料に言及されることがない。

織田萬に１年遅れて、穂積八束の明治29年（1896年）『行政法大意』が公刊された。「明治政府の絶対主義的イデオロギーの最も強壮な代弁者」である穂積の『行政法大意』をわが国行政法体系化の嚆矢と捉える論者もあるが、『行政法大意』の目次にも処罰と強制に関する項目がない。罰則に言及するのは「第二

3）　織田萬・前掲注（2）642頁以下参照。
　　警察処分の強制方法は、精神的強制方法と形体的強制方法の二通りがあるという。行政執行法制定前の「強制」のキーワードは「苦痛」である。精神的強制方法とは「人ノ心意ニ或ル苦痛ヲ加フル方法」であって説諭と威嚇の二種があり、形体的強制方法は「直接ニ外部ニ於テ或ル苦痛ヲ加フル方法」であって人に対する拘引、拘留、物に対する差し押さえ、検査、製造場の閉止等が挙げられている。646頁参照。
4）　「命令ノ條項違犯ニ關スル罰則ノ件」(明治23年法律第84号)
　　命令ノ條項ニ違犯スル者ハ各其ノ命令ニ規定スル所ニ從ヒ二百圓以内ノ罰金若ハ一年以下ノ禁錮ニ処ス
5）　「勅令第208号」(明治23年9月18日)
　　第一條　各省大臣ハ法律ヲ以テ特ニ規定シタルヲ除クノ外其ノ發スル所ノ閣令又ハ省令ニ二十五圓以内ノ罰金若ハ二十五日以下ノ禁錮ノ罰則ヲ附スルコトヲ得
　　第二條　地方長官及警視總監ハ其ノ發スル所ノ命令ニ二十圓以内ノ罰金若ハ科料又ハ拘留ノ罰則ヲ附スルコトヲ得
6）　須藤陽子「地方自治法における過料」行政法研究11号（2015年）8頁以下。
7）　和田英夫「日本行政法の歴史的性格——明治憲法体制における行政法の地位」法律論叢35巻３号（1962年）13頁。

欺　警察規則及處分」においてである。警察規則及び警察処分は、違警の状態を排除し秩序を回復することを目的とする「警察行為」であって、警察規則は罰則の体裁で発布されるという。警察規則に該当するのは法令、そして刑法典の一部であると説明するところから、前述した明治23年法律第84号、明治23年勅令第208号、そして明治13年旧刑法に規定された違警罪を意味していると思われる。

　明治20年代の織田萬と穂積八束の著書に共通しているのは「第一に、行政法の体系の未整理ないしは行政法と諸法との未分化・混在」であると評される。[8] どちらの著書にも「行政罰」と「秩序罰」、そして各論である警察法でも「警察罰」は用いられていない。

　しかし、明治30年(1897年)に出版された岡松参太郎『訂正二版　註釈民法理由』には「行政罰」という用語が見られる。民法(明治29年法律第89号)84条に規定された過料を「此罰金ハ行政罰ナリ純然タル刑罰ニ非ス」[9]という。また、遡って明治22年(1889年)、スタイン(オーストリア)の原著を講釈する湯目補隆『警察正義　完』が出版されており、「警察罰」「警察罰例」「秩序罰」が紹介されている。[10] 当時、「行政罰」「秩序罰」「警察罰」が知られていなかったのではなく、欧州からもたらされたそれらを、わが国の実定法に即して行政法の体系に位置付けるということが、まだできなかったのであろう。

2　明治33年行政執行法制定の影響

　行政執行法(明治33年法律第84号)は、警察官庁が用いる即時強制(1条〜4条)と行政上の強制執行制度(5条)を規定したものであるが、新たな権限を付与した法律ではない。当時、警察権の性質から当然に強制は可能であるとされ、行政執行法の制定は権限の付与ではなく行政警察権を制限する法律であると解

---

8)　和田・前掲注(7)14頁。
9)　岡松参太郎『訂正二版　註釈民法理由』(有斐閣書房、1897年)140頁。
10)　湯目補隆『警察正義　完』(1889年)大阪警察本部蔵版。本文には「スタインの原著」とあるが、その書名が記されていない。

されていた[11]。強制に関する一般法が制定され、強制の仕組みが行政法体系に位置付けられることによって、処罰も行政法体系の中で言及されるようになる。

1　体系に現れた「行政執行」

（ア）　織田萬

明治36年（1903年）に出版された織田萬『行政法　全』の目次には変化が現れる。目次に処罰に関する項目はないが、強制に関して「行政執行」という項目が設けられている。織田萬は、他の法律にある「過料」の性質を刑罰であると理解し、行政執行法に規定された費用徴収の仕組みから、すなわち手続的な観点から他の法律の「過料」と区別する説明を行う。「其徴収ノ方法ハ代執行ノ費用徴収ニ關シテ述ヘタル所ト同シ故ニ此ニ云フ過料ハ刑法ソノ他ノ法令ニ過料ト称スルモノトハ同シカラス普通ニ過料ト称スルハ刑罰トシテ之ヲ科シ此ニ云フ過料ハ行政上ノ處分トシテ之ヲ命スルモノナリ」[12]と述べる。

（イ）　市村光恵――法規の維持と処分の維持

織田萬がフランス法の影響を受けていたのに対して、市村光恵はドイツ法に学んで体系書を著している。註釈には多くのドイツ法学者の書物からふんだんに引用がなされ、ドイツ諸邦の法制度の紹介がある。しかし、「行政罰」「秩序罰」という用語は見られない。

市村は明治39年（1906年）に公刊した『行政法原理』において処罰と強制を行政法総論に位置付けているが、「行政執行」という用語も用いていない。「第二章　法規及處分ノ維持」「第一節　法規ノ維持」が処罰であり、「第二節　處分ノ維持」が強制に相当する。「法規ノ維持」と「處分ノ維持」は処罰と強制、各々の目的である。目的に着目し、目的の観点から両者の相違を説明する。

市村は広義の罰を「法規違反ニ對シテ国家カ科スル悪報ニシテ刑罰ヲモ包含ス」と定義する。刑罰とは「此廣義ノ罰ニアリテ刑法ニ刑名ヲ掲ケタルモノ」であって、「現在刑罰以外ノ罰ハ過料ヲ以テ其重ナルモノ」という。そして罰

---

11)　有松英義君講述『行政執行法　治安警察法　講義　全』（警眼社、1903年初版1930年第9版）、市村光恵『行政法原理』（宝文館、1906年）796頁以下、須藤陽子『行政強制と行政調査』（法律文化社、2014年）20頁。

12)　織田萬『行政法　全』（京都法政学校第2期第1学年講義録、1903年）37頁。

としての「過料」を、法規を維持するために法規をもって定めるものに限定し、処分を強制するために戒告し得るものを区別する。市原によれば、悪報は法規の違反を予防し、法規を維持するために罰を利用する。行政の目的は処分を実行することであるから、処分違反に対して罰を科することがあったとしても、処分の維持のために罰することはないという。

2　明治41年『法律大辞典』
（ア）「行政罰」

明治41年（1908年）に出版された『法律大辞典』（郁文舎）には「警察罰」の項目はあっても「行政罰」の項目はなく、「行政罰」は「強制罰」の項目において言及されている。当時の法律辞典に項目がないことをもって、行政法総論における「行政罰」の普及度合を推し量ることができるであろう。その記述から内容面についても未発達であることが窺えるが、学界が「警察罰」について多大なドイツ法の影響を受けたのに対して、下記「強制罰」という項目に記された「行政罰」の理解にはドイツ法の影響を読み取ることができない。下記「強制罰」の内容には、根本的な理解において、看過し難い点がある。

「強制罰ハ、一ニ之ヲ執行罰、行政罰ト称シ、彼ノ刑事罰タル刑罰、警察罰ニ対ス、即チ行政上ノ目的ノ爲メニ科スル一種ノ悪報也、ソノ本質ニ就キテハ、確定ノ議論ナキモ、要スルニ左ノ特質ヲ有スルハ明カナリ、㈠行政罰ハ、行政ノ目的ノ爲メニ科スル悪報ナリ、例ヘハ行政官廳カ或ル行為ヲ命シタルモ被命者之ヲ遵行セサルトキニ科スルモノニシテ、刑罰ト異ナリ、之ヲ遵行セサル間ハ、幾度ニテモ之ヲ科スコトヲ得ヘシ、又刑罰ノ如ク、所犯アル毎ニ必ス科スヘキモノニアラスシテ、コレヲ科スレハ、果タシテ人民ノ順從遵行ヲ強フル上ニ有効ナルヘシト認ムル場合ニ、戒告ノ後之ヲ科スヘキモノナリ、㈡強制罰ノ悪報ナル過料ハ、彼ノ刑罰ノ科料トソノ内容ヲ同ウスルモ、ソノ形式ヲ異ニシ、然モ強制罰ハ、同一行為ニ対シテ、特ニ禁スル法令ナキ限リハ、之ヲ刑罰ト併科シ得ルモノナリ、要スルニ強制罰ナルモノハ、官廳カ人民ニ向テ為シタル處分ニ対シ、服従ヲ強制スル為ニ被ラシムル所ノ悪報ニシテ、ソノ目的ハ、刑罰ノ如ク、社会ノ爲ニ既ニ実行セラレタル悪事ヲ懲スニ非スシテ、唯不順ノ●續ヲ停止セシムルニ在ルモノトス。」（●は判読不能であった）

注目するべきであると思われるのは、この項目の書き手が「強制罰」=「執行罰」=「行政罰」という理解をしていると思われること、行政執行法の過料と刑罰の科料の内容が同じであると理解していること、そして明治41年の時点で「行政罰」とは「行政ノ目的ノ爲メニ科スル惡報」という理解がある、という点である。

　『法律大辞典』には「強制罰」と別に「執行罰」の項目があり、行政執行法5条に規定された「執行罰」の解釈・適用上の問題が説明されているが、そこには「執行罰」=「強制罰」という説明はあっても、「行政罰」という用語は登場しない。各項目の書き手は明示されていないが、おそらく、この「強制罰」の書き手は、美濃部達吉ないし美濃部達吉に影響を受けた者であると思われる。後述するように、明治期に出版された美濃部達吉の教科書では、「執行罰」が「行政罰」の一種とされているからである。

　明治期に「行政罰」という用語を用いるのは、後述するように、主に美濃部達吉である。『法律大辞典』に記されている「行政罰」理解と、明治42年（1909年）にゴルトシュミットの法理論が日本に紹介された後の「行政罰」の理解の相違が問題とされなければならないであろう。

（イ）　警察罰

　明治33年（1900年）渡辺清太郎・鮫島東四郎『日本警察法述義』には「警察罰」という用語が用いられている。それは「第六章　警察権ノ作用」「第三節　警察権ノ作用」「第六款　警察行爲ノ強制手段」という項目において、行政執行法5

---

13) 出版年不明であるが、「行政罰」を体系的に位置付けた行政法教科書もある。木村鋭一・島村他三郎講述『行政法総論』（法政大学、出版年不明）は、「第四章　行政執行」の下に「第一節　行政罰」「第二節　行政上ノ強制執行」を位置付ける。「行政罰」とは、「行政法規ノ違反ニ対スル惡報ナリ其違反行爲ニ対スル制裁ニシテ且其制裁カ苦痛ナルコトノ二点ニ付テハ行政罰ト刑罰トハ何等ノ差異ナシ」と述べ、懲戒罰と執行罰は所罰権の根拠と処罰の目的が異なるため行政罰ではないという。この書物は幕末・明治・大正初期の文献を集めた最高裁・明治文庫にあるため、出版年は明治末からさほど離れていないと思われるが、おそらく大正期のものであろう。明治43年に出版された島村他三郎『行政法要論』（厳松堂、1910年）の目次には、強制について「強制ノ目的ヲ有スル第二位的行政行爲」という項目の下に行政上の強制執行の手段が位置付けられているが、処罰に関する項目がないからである。

条強制罰(執行罰)と刑罰の違いを説明するために用いられ、ほんのわずか言及される。「刑罰ニ亦二種ノ別アリ警察罰(違警罪)ト其他刑罰トハレナリ現行法ニ於テハ此ノ区別ハ刑罰ノ種類ニ依ル区別ニシテ犯罪ノ性質ニ依ル区別ニアラス尤モ理論上ニ於テモ単ニ警察行政ノタメニ特ニ必要ヲ認ムルニ依リテ定メラレタル刑罰カ警察罰ナリト言フノ外、別ニ之ガ区別ヲ明確ニ言ヒ表ハスコトヲ得ス寧ロ便宜上、程度上認ムル所ノ区別ニ過キス」という。

この記述には「警察罰とは何か」という視点が欠け、ただ刑罰の種類が問題とされている。警察罰とは刑罰であって他の刑罰とは区別されるべきこと、その区別は犯罪の性質ではなく刑罰の種類に求められるという。警察罰が警察行政のために特に定められた刑罰であるとすれば、違警罪以外にも警察罰に分類され得るものがあることになる。

明治41年『法律大辞典』「警察罰」には、ドイツ法からもたらされた学説が叙述されている。警察罰を刑罰の種類の観点から「刑罰ハ分カチテ二トナス、曰ク刑法上ノ刑罰(単ニ刑罰ト称ス)警察上ノ刑罰(警察罰)之ナリ」と説明し、刑罰と警察罰との間には性質上の区別なく、程度の差別に過ぎないとするバール、ベッカーの説、刑罰は成法以前に存する法益侵害に対する制裁、警察罰は成文法に依りて初めて認められた法益侵害の制裁であるとするフォイエルバッハの説が紹介されている。

3　佐々木惣一とゴルトシュミット

明治期のわが国行政法学界は、ドイツ法に学んで「行政罰」「警察罰」なるものを知っていたとしても一般的に行政法体系に位置付けられるようなものではなく、『法律大辞典』の記述を見れば、その内容理解において十分なもので

---

14)　渡辺清太郎・鮫島東四郎『日本警察法述義』(日本法律学校法政学会、1900年初版1903年増補6版) 370頁。
　　違警罪と強制罰(執行罰)の違いは、管轄権の違いとしても説明されている。違警罪は違警罪即決例により行政官庁に委ねられ即決処分の形式をとって科されるのであるが、本来は司法裁判所の管轄に属すべきものであり正式の裁判があるから、強制罰(執行罰)とは異なるとする。377頁以下参照。

あったとは言い難い。現代から戦前の「行政罰」を眺めた場合、行政刑罰ないし行政刑法の特殊性を主張した美濃部達吉に注目しがちであるが、ゴルトシュミット著『行政処罰法（注：佐々木訳）』（Das Verwaltungsstrafrecht）(1902年) をわが国に最初に紹介した佐々木惣一の学説に目を向けるべきである。佐々木惣一「行政犯ノ性質ヲ論シテ警察犯ニ及フ」が公表されたのは、明治42年（1909年）であった。

　ゴルトシュミットの著書を学界に紹介しつつも、佐々木惣一の行政法体系書に「行政罰」「警察罰」が位置付けられたのは遅かった。佐々木惣一の最初の行政法体系書は明治43年 (1910年)『日本行政法原理』であり、目次に行政行為ないし行政処分の項目がなく、公権に詳しい、外国法文献の引用と註釈が非常に長いという特色がある。行政執行法制定後の行政法教科書であっても強制に関わる項目がなく、処罰の項目もない書物であった。佐々木惣一の行政法体系書に「行政罰」「警察罰」が位置付けられるのは、大正期である。「警察罰」が現れるのは大正11年 (1922年)『日本行政法論　各論　通則　警察行政法』、「行政罰」が総論に現れるのは「警察罰」より遅く、大正10年 (1921年) に公刊された『日本行政法論　総論』の大正13年改版である。

　佐々木惣一はゴルトシュミットの主張の要点を、行政犯という理論上の観念を刑事犯の外側に認め、刑事犯に対する刑罰と行政犯に対する行政罰 (Verwaltungsstrafe) を分け、行政罰に規定する行政罰法は刑法ではなく行政法に属し、行政罰を科するのは裁判ではなく行政である、というものであるとする。そしてゴルトシュミットの理論は、わが国の法制度にも当てはまること

15）　この書物は佐々木惣一の弁に依れば「行政法学研究中期セスシテ成リタルモノ」であって、行政法理論体系化の途上にあるものである。佐々木惣一『日本行政法原理』（中央大学、1910年）「序」。

　　　佐々木惣一の下で学んだ俵静夫は「日本の実定法としての行政法を解明するのに、外国人の考え方、ドイツ学派の学説によるというようなことを非常にきらわれる」「『行政法原論』は先生の本にはめずらしく註がついているのですね。そして外国の文献も一々引用されているのです。しかし、先生はああいうことはもともとお好みにならない」と回想する。「行政法学界の回顧と展望 (2)」法律学全集月報 8 号（有斐閣、1957年）4 頁。

16）　佐々木惣一「行政犯ノ性質ヲ論シテ警察犯ニ及フ」京都法学会雑誌 4 巻 3 号（1909年）

を指摘する。

わが国の明治13年旧刑法第四編には違警罪が規定されていたが、明治40年刑法はこれを削除し、違警罪に相当する規定を警察犯処罰令（明治41年内務省令第16号）の形式をもって定めたからである。違警罪は警察犯であり、行政犯の一種ということになる。違警罪は刑法上削除されても、警察犯処罰令に違警罪に相当する規定を置き、手続法としての違警罪即決例（明治18年太政官布告第31条）があり、昭和23年まで存続した。警察犯処罰令が定める罰は刑罰である科料と拘留であるが、これを裁判所が正式の裁判で科すのではなく、違警罪即決例によって警察署長またはその代理人である官吏が刑罰である科料、拘留を行政処分の形式で科す制度であった。[17]

この佐々木惣一の指摘は、警察犯処罰令及び手続法である違警罪即決例を「行政罰」の視点から捉えることを促す重要な点であろう。もし違警罪が「行政罰」ないしは「警察罰」として説明されるのであれば、日本国憲法制定を境として「行政罰」の意義が変わったということを言い得るからである。

II　明治期の美濃部達吉——独創と変遷

1　「行政罰」と「秩序罰」の萌芽

明治期の織田萬、穂積八束、市村光恵、佐々木惣一らが著した行政法の体系書には「行政罰」に関する叙述が見られない。斯様な中で、美濃部達吉は明治期の大学講義において「行政罰」と「秩序罰」を講じている。

美濃部達吉は明治41年9月まで複数の私立大学において教鞭をとり、各大学からその講義録（本書が参照したのは、美濃部達吉『法学博士美濃部達吉講述　行政法総論』（早稲田大学出版部、出版年不詳）、同『法学博士美濃部達吉講義　行政法』（中央大学、明治41年（1908年）、42年（1909年））である。以下、両者をまとめていう場合、私立

　　54頁以下。「刑事犯ノ外側ニ行政犯ナルモノヲ認メ刑事犯ニ対スル刑罰ト行政犯ニ対スル行政罰（Verwaltungsstrafe）ヲ分チ行政罰ヲ規定スル行政罰法ハ刑法ニ非スシテ行政法ニ属シ行政罰ヲ科スルハ裁判ニ非スシテ行政ナリト云フニ在リ」。

17）　田邊保晧『違警罪即決例詳解』（日本警察新聞社、1921年）19頁以下参照。

大学講義録と略す）が、東京帝国大学法科大学での講義録である明治42年（1909年）『日本行政法　第一巻』（（有斐閣書房）。以下、明治42年『日本行政法』という）に先立って公刊されている。

　美濃部はこの明治42年『日本行政法』が初めての著書であるという。私立大学での講義録は筆記、印刷に誤りが多く、できるだけ早く訂正したかったのだと、明治42年『日本行政法』「序」に記されている。

1　明治期　私立大学講義録

　現代の「行政罰」は、「行政罰」の下に「秩序罰」が置かれると理解されているが、明治期の両者は並列的である。

　美濃部は「總テ刑罰ハ之ヲ普通ノ刑罰ト行政罰又ハ秩序罰トニ区別スルヲ得ヘシ」という。しかし、「行政罰」と「秩序罰」の内容を定義することがないため、各々の内容も、その区別も明確でない。「行政罰又ハ秩序罰ト云フ名称ハ未タ現行法律上ノ用語ニアラス其ノ学問上ノ観念モ亦未タ発達スルニ至ラス」と美濃部自身が述べている。

　「行政罰」ないし「秩序罰」は、私立大学講義録ではまだ目次の項目となっていない。「第三編行政作用　第二章行政處分　第六節處罰」の下で「行政罰」ないし「秩序罰」が語られている。「行政処分」の下に「処罰」が置かれていることに注目するべきである。

　美濃部のいう「処罰」とは、「不法行為ニ対スル結果トシテ国家ノ科スル苦痛」であり、特別の法規によって行政処分の形式で科する、1）違警罪即決例（明治18年9月太政官布告第31号）に基づく「違警罪即決処分」（科料、拘留）、2）間接国税犯則者處分法（明治33年法律第67号）に基づく「間接国税犯則者ノ處分」（罰金、科料）、3）市制町村制（明治21年法律第1号）91条に基づく「市町村条例反則者ニ対スル市町村長ノ處分」（科料）、4）「所謂執行罰」（過料）の四つを挙げている。

　四つ目の「執行罰」について、「執行罰ハ均シク国権ノ科スル處ノ處罰ナリト雖モ専ラ強制手段タルノ目的ヲ有シ全ク刑罰ト其ノ性質ヲ異ニスル」と述べられている。同時代の他の論者は行政執行法に規定された執行罰を強制と捉えているため、「処罰」に含める美濃部の見解は特異なものであった。「執行罰」は後に公刊される明治42年『日本行政法』において「処罰」から除かれている。

誤った理解を修正したものと思われる。

　そして、「懲戒罰」も「処罰」に含まれないとする。「処罰」が一般統治権に基づく作用であるのに対して、「懲戒罰」は官吏や自治体の吏員、弁護士、公証人、軍人、学生に対する作用であり、特別権力関係における作用であるから、刑罰とは性質を異にし、区別するべきであると述べられている。

　1) から 3) に挙げられているのは、刑罰が用いられていても「普通ノ刑罰」とは区別されるべきものであり、これらに共通しているのは、その処分が不可変更力をもって確定するのではなく、不服ある者は一定の期間内に正式の裁判を請求できる点である。美濃部の場合、「行政罰」と「秩序罰」という用語を、「普通ノ刑罰」から特別の法規によって行政処分の形式で科する「処罰」を区別するために用いている点に特徴がある。

　「行政處分ニ依リ是等ノ處罰ヲ科スルノ權ヲ認メタル立法上ノ理由ハ犯罪其モノヽ性質ニ之ヲ求ムルコトヲ得ヘシ總テ刑罰ハ之ヲ普通ノ刑罰ト行政罰又ハ秩序罰ト云フ名稱ハ未タ現行法律上ノ用語ニアラス學問上ノ觀念モ亦未タ發達スルニ至ラスト雖モ所謂行政罰ハ普通ノ刑罰トハ異ナリタル著シキ特色ヲ有ス不論罪數罪倶發自首又ハ酌量減輕又ハ未遂犯等ノ場合ニ於イテ普通刑罰トハ著シク其ノ適用ヲ異ニセルコト是ナリ」[18]という。

　美濃部は「行政罰」に「普通刑罰」とは異なった原則が適用される理由を、「行政罰」がその犯罪の性質において、普通犯罪と異なる点に求める。「行政罰カ此ノ如ク普通刑罰ト其ノ適用ノ原則ヲ異ニスル所以ハ行政罰カ其犯罪ノ性質ニ於テ普通犯罪ト異ル所アリニヨル行政犯罪ノ性質如何ハ學説ノ分カル所ナルモ余ノ解スル所ニヨレハ行政犯罪ハ其所為カ害惡ナルカ故ニ之ヲ罰スルニアラスシテ法規ニ違反スルカ爲メニ之ヲ罰スルモノナル事ニ於テ其ノ特色ヲ有スルモ

---

18) 美濃部達吉『法学博士美濃部達吉講述　行政法総論』（早稲田大学出版部、出版年不詳。以下、早稲田『行政法総論』と略す）183頁参照。同『法学博士美濃部達吉講義　行政法』（中央大学、1908年・1909年）201頁では、「秩序罰」と「行政罰」を並列的に置いたうえで、「行政罰」ではなく「秩序罰」という名称について説明を加えている。これによって「秩序罰」が主となり、両者が逆転している印象を受ける。

ノナリ」[19]と説明する。

　行政犯と刑事犯の相違は、現代においてもなお議論が分かれる難題である。筆者が注目するべきであると考えるのは、美濃部が「普通ノ刑罰」と区別するべきであるとした行政犯ないしは「行政罰」というものが、現代人の想起する個別行政法規に規定された刑罰（行政刑罰）の意味ではなく、行政処分による科罰手続に特色づけられたものであったことである。

2　明治42年『日本行政法』

　「行政罰」と「秩序罰」について私立大学講義録と明治42年『日本行政法』を比較すると、明治42年『日本行政法』の記述は私立大学講義録よりも詳細であり、また、異なっている点がある。それは私立大学講義録の「誤り」を訂正したものであったのか、あるいは改説であったのか。

　明治期末から大正期・昭和前期にかけて、「行政罰」に関する美濃部達吉の学説は変化が極めて大きい。明治42年『日本行政法』において新たに主張したことも、大正期の『行政法撮要』からは消えているのである。「行政罰」と「秩序罰」という用語を用いること自体が当時の学界では特異なものであるだけに、誤りというよりも、独自に主張する「行政罰」と「秩序罰」を行政法総論へ位置付ける試行錯誤ではないだろうか。

　（ア）　目次：「行政処分」から「行政上ノ執行」へ

　明治42年『日本行政法』では、「行政罰」が目次に登場するようになった。「第一編總則　第一章行政權ノ作用　第四節　行政上ノ執行」の下に「第一款　概論」「第二款　行政罰」「第三款　行政上ノ強制執行」が位置付けられている。[20]「行政罰」が目次の項目に格上げされたのみならず、「処罰」が「行政処分」の項

---

19)　美濃部・早稲田『行政法総論』184頁。
20)　美濃部達吉『日本行政法　第一巻』（有斐閣書房、1909年）195頁。
　「執行」というキーワードで括られ、義務の履行よりも一段高い「国家の意思」の実現というレベルに美濃部の視座がある。美濃部は「凡テ國家ノ意思ハ法律ニモセヨ命令ニモセヨ又ハ處分若クハ契約ニモセヨ必ス執行セラルルコトヲ要ス。國家ノ意思ノ執行トハ國家ノ意思ノ内容ニ隨テ、其ノ定メラレタル特定ノ法律状態ヲ實現スルノ手段ヲ云フ」「人民ヲシテ國家ノ命令ヲ遵奉セシムル爲ニ用ヰラルル手段ハ、第一ニハ刑罰ナリ。」「第二ニハ強制執行ナリ」という。

目から離れ、行政処分と「行政罰」が直結しなくなったことが大きな変化である。

私立大学講義録において「行政罰」ないし「秩序罰」は、行政処分による科罰手続という特色によって一般刑罰と区別されていた。しかし、明治42年『日本行政法』では、刑罰でありつつも一般刑罰とは異なるものの例として、法律に「過料トイフ刑名」が設けられていることに着眼して説明されるようになった。行政処分による科罰手続という特色は、一般刑罰との違いを示す一例に過ぎない扱いとなっている。

　（イ）　新機軸：行政罰と刑事罰の区分——過料トイフ刑名

美濃部は明治42年『日本行政法』においても、「行政罰」ないし「秩序罰」の内容について定義していない。美濃部の「行政罰」ないし「秩序罰」の説明の仕方は控除的である。まず「処罰」という意味を「刑罰ノ外尚種々ノ種類ノ處罰ヲ包含スル」と広くとり、ここから執行罰と懲戒罰を差し引く。残ったものを「本来ノ意義ニ於ケル刑罰」として、さらに「狭義ノ刑罰又ハ刑事罰（Kriminalstrafe, Verfassungsstrafe）」と「行政罰（Verwaltungsstrafe）又ハ秩序罰（Ordnungsstrafe）」に分ける。

美濃部は「行政罰」の観念と刑事罰との区別は「未タ学者ノ間ニ一般ニ認識セラルニ至ラス、立法上ニ於テモ亦明ニ其ノ区別ヲ認ムルニ至ラス」と認めつつ、両者を区別する制度上の形跡として、法律が「過料トイフ刑名」を設けていることを挙げる。

非訟事件手続法によって科される民法、民法施行法、商法、戸籍法の過料が、「行政罰」ないし「秩序罰」の例に加えられている。法律が科料ではなく過料としたのは、これを一般の刑罰と区別し、刑罰に関する一般原則を適用しないということを明らかにしたものであり、非訟事件手続法により民事裁判所が管轄することから、「過料トイフ刑名」を設けて法律は少なくとも一般刑罰の外に之と種類を異にする刑罰あることを認めたのだという。

また、「法律カ特ニ刑名ヲ異ニシテ過料ナル文字ヲ用イタル場合ノミナラス」、一般刑罰と同じく罰金または科料の刑名を用いたる場合においても、法律は往々一般刑罰に関する原則、不論罪、刑の減免、併合罪等の原則を適用せ

ず、其の「課刑ノ手続ニ於テモ特ニ一般原則トハ区別シテ行政官廳ヲシテ之ヲ課スルコトヲ得セシムル等特別ノ規定ヲ設クルモノアリ。」法律が特別の刑名を用いる、あるいは、一般の刑罰とは異なる原則と手続をとるのは、これらが刑事罰ではなく、「秩序罰又ハ行政罰ノ性質」があることに因るとする。

　美濃部は、行政罰と刑事罰との性質上の区別について未だ定説がないとしつつも、その区別が処罰の種類にあるのではなく、その処罰の原因である犯罪の性質に依る区別であることは疑いがないという。

2　オットー・マイヤーの影響と美濃部の独創

　明治期の美濃部の学説は、オットー・マイヤーの影響を強く受けたものであった。美濃部は明治35年(1902年)に欧州留学から帰国し、オットー・マイヤー著『Deutsches Verwaltungsrecht Ⅰ(ドイツ行政法Ⅰ)』(1895年)、『Deutsches Verwaltungsrecht Ⅱ(ドイツ行政法Ⅱ)』(1896年)を翻訳し、明治36年(1903年)に翻訳本『独逸行政法』全4巻が出版されている。柳瀬良幹は「美濃部先生になって初めてオットー・マイヤーを輸入されて、先生の初期のものを見るとほとんどマイヤーそのままに書いておられるので、今日の行政法は結局そこから始まったと思う。」と述べている[21]。しかしながら、「行政罰」についていえば、オットー・マイヤーの『ドイツ行政法』には「行政罰」という項目はない。

　ゴルトシュミットの法理論を紹介する佐々木の論文発表と美濃部の明治42年『日本行政法』は同年に公にされ、佐々木の論文発表が美濃部の著書刊行より6か月先行している。美濃部は明治42年『日本行政法』の註釈において、近時、行政罰及び行政犯の観念が一般学者の注意を惹起するようになったのは、1902年にゴルトシュミットの『行政刑法論（注：美濃部訳）』(Das Verwaltungsstrafrecht. Eine Untersuchung der Grenzgebiete zwischen und rechtgeschichtlicher und rechtvergleichender Grundlage)が公刊されたことに始まるといい、その大体を紹介するものとして佐々木の論文を挙げている[22]。

---

21)　柳瀬良幹発言「行政法学界の回顧と展望(1)」法律学全集月報7号(1957年)2頁。
22)　美濃部・前掲注(20) 202頁註。美濃部はゴルトシュミットの行政犯と刑事犯との理論上の区別について批判的であり、首肯できないことが多いという。

そして「行政罰」と行政犯の観念についてオットー・マイヤーの『独逸行政法　第二巻』翻訳註釈において既に論じた、とある。その註釈とは行政犯罪（Verwaltungsdelikte）に付したものである。オットー・マイヤーは、警察罪は行政犯罪（Verwaltungsdelikte）の中の一部分たるに過ぎないといい、行政犯罪の例として、財政犯罪、執務義務及び負担を満たさない罪、公の営造物に関する罪を挙げる。「行政罰」という美濃部の用語法はゴルトシュミットの影響というよりも、オットー・マイヤーの『独逸行政法　第二巻』「各論　第一編　警察権」「第二十二節　警察罰」の翻訳に際して、美濃部が考案したものであると思われる。

『独逸行政法　第二巻』「第二十二節　警察罰」註釈（九）によれば、旧時の刑法学の分類法は重罪（Verbrechen）と警察罰（Polizeidelikte）を相対させたものであり、この分類において「警察」とは旧時の包括的意義において用いられている。たとえば財政犯罪の処罰も財政警察としてその中に包含せしめられているが、これは行政犯罪というほうが適当な名称であるとする。警察罪は形式的犯罪の中に含まれ、形式的犯罪を刑法学者は認めないが行政法学においては捕えることができるという。

美濃部は「行政罰」と行政犯の観念についてオットー・マイヤーの『独逸行政法　第二巻』翻訳註釈で既に論じたとするが、翻訳註釈に「行政犯罪」はあるが「行政罰」と行政犯という用語は登場しない。つまり、包括的な意味で旧時「警察」を用いていたものを「行政」と言い換え、警察罪よりも広い「行政犯罪」が観念できるから、それに対して「行政罰」という用語を当てたということであろう。

結び　再度の改説

明治42年『日本行政法』における「行政罰」ないし「秩序罰」に関する主張は、

---

23)　オットー・マイヤー著・美濃部達吉訳『独逸行政法　第二巻』（東京法学院、1903年）138頁註（九）。
24)　マイヤー・前掲注（23）138頁註（九）。

過料を刑罰の一種として理解することを軸に展開されている。前述したように、織田萬も過料を刑罰として理解していたが、織田萬の見解は明治40年刑法制定前の明治30年代のものであって、明治13年旧刑法５条「此刑法ニ正條ナクシテ他ノ法律規則ニ刑名アル者ハ各其法律規則ニ從フ　若シ他ノ法律規則ニ於テ別ニ總則ヲ掲ケサル者ハ此刑法ノ總則ニ從フ」の規定ゆえに採り得る見解である。他方、美濃部達吉の場合、明治40年刑法が９条に「死刑、懲役、禁錮、罰金、拘留及ヒ科料ヲ主刑トシ沒收ヲ附加刑トス」と規定し、刑罰が刑法に規定されたものに限定された後の見解であるだけに、その特異さが際立っている。[25]

　しかし、過料を刑罰と捉える美濃部の見解は、大正末には見られなくなっている。大正13年（1924年）に出版された『行政法撮要　全』第二編各論では、過料を「全ク刑法ニ定ムル刑ト名称ヲ異ニスル處罰」「過料ハ形式上ニ於テモ全ク刑罰ト区別セラレ、随テ刑法總則及刑事訴訟法ノ適用ヲ受ケズ」[26]と説明している。昭和に入り、昭和９年（1934年）「行政罰法の統一と其の通則」、昭和14年（1939年）『行政刑法概論』という「行政刑法」関係の著作においては、過料の性質を論じること自体がなくなっている。

　過料は一般の刑罰と区別し得るメルクマールを見い出し易いものであるが、明治期の美濃部は「秩序罰」を定義しておらず、現代のような「秩序罰」≒「過料を科すること」というようなものではない。明治期の美濃部の「秩序罰」は、未だ内容のない、空のままである。

　また、「行政罰」の体系上の位置付けも、「行政上ノ執行」の下に定まったものとは言い難い。大正期に入っても安定したものではない。明治42年『日本行政法』では「行政上ノ執行」の下に位置付けられているが、大正８年（1919年）に新稿が出版された『日本行政法　總論　上巻』（以下、大正８年『日本行政法』という）の目次には処罰ないし「行政罰」の項目がなくなっているのである。美濃部は大正８年『日本行政法』の「序」において、明治42年著書刊行後「其の後研

---

25) 須藤陽子「過料に関する一考察——美濃部達吉「過料トイフ刑名」」立命館法学371号（2017年）18頁。
26) 美濃部達吉『行政法撮要　全』（有斐閣、1924年初版）第二編各論29頁。

究思索の結果はその所説に誤あることを見出したものも少なくないので、成るべく速く改訂したい」と思っていたと記している。

　美濃部の行政法論が体系的な著書として完成されたのは、大正13年（1924年）『行政法撮要　全』であるとされる。大正８年の時点で目次から「行政罰」が消えているということは、明治期の「行政罰」の理解が葬り去られたということであろう。

---

27)　美濃部達吉『日本行政法　総論　上巻』(有斐閣、1919年)「序」。

第3章

「行政罰」と「秩序罰」の形成と定着——大正期・昭和前期

I　美濃部達吉——変遷の振幅

1　大正期——行政法総論からの一時撤退

　明治期に織田萬、穂積八束、市村光恵、佐々木惣一らが著した行政法体系書に「行政罰」が見られない中で、美濃部達吉は行政法体系に「行政罰」と「秩序罰」という用語法を持ち込んでいる。明治42年 (1909年) に東京帝国大学法科大学の教科書である『日本行政法　第一巻』(以下、明治42年『日本行政法』という) において、「行政上ノ執行」の下に「行政上ノ強制執行」と並べて「行政罰」を行政法総論に位置付けようとしたことは、特筆すべきことである。

　美濃部は明治42年以前から私立大学の講義で「行政罰」と「秩序罰」を講じている。その私立大学講義用の行政法教科書 (本書が参照したのは、美濃部達吉『法学博士美濃部達吉講述　行政法総論』(早稲田大学出版部、出版年不詳)、同『法学博士美濃部達吉講義　行政法』(中央大学、明治41年 (1908年)、42年 (1909年) である。以下、早稲田『行政法総論』、中央『行政法』と略し、両者をいう場合には私立大学講義録と略す) は公刊されているが、美濃部の認識では明治42年『日本行政法』が初めての著書であり、明治42年『日本行政法』「序」によれば、それ以前のものは筆記、印刷に誤りが多く、できるだけ早く訂正したかったのだという。明治42年『日本行政法』は、大正8年 (1919年) に新稿 (以下、大正8年新稿版という) とな

るまで版を重ねてゆく。

　しかしながら、美濃部の「行政罰」は振幅があり、評価が難しい。はたして、どの時点を捉えて美濃部の「行政罰」の理解を論じるべきであるかが問題となる。明治期に他の論者に先駆けて行政法総論に「行政罰」を持ち込んだものの、大正8年新稿版では「行政罰」が消え、大正13年（1924年）『行政法撮要　全』の総論にも「行政罰」は見られない。大正期に「行政罰」は行政法総論から一時なくなったが、「警察罰」は行政法各論警察法にある。しかし、不思議なことに、大正初期の警察法教科書の「警察罰」には過料に関する記述がない。[1]

　美濃部の行政法論が体系的な著書として完成されたのは、大正13年『行政法撮要　全』であるとされる。[2] しかし、昭和2年（1927年）、昭和6年（1931年）の『行政法撮要　上巻』に「行政罰」の項目はない。昭和8年（1933年）『行政法Ⅰ』（岩波書店）、昭和11年（1936年）『行政法撮要　上巻』（大正13年初版、昭和11年訂正第5版。以下、昭和11年『行政法撮要　上巻』という）、昭和11年『日本行政法　上巻』（初版）にようやく「行政罰」は出現する。[3]

　それらは、論文「行政罰法の統一と其の通則」を収めた杉村章三郎編『筧教授還暦祝賀論集』の公刊（昭和9年（1934年））前後に著されたものであり、当該論文は昭和14年（1939年）『行政刑法概論』の下敷きになっていると思われる。

2　「行政罰」の観念と刑事罰を区別する制度上の形跡

　大正期に行政法総論から「行政罰」が一時消えることとなったのは、美濃部の「行政罰」ないし「秩序罰」の説明に不可欠となっていた過料というものを、如何に修正して説明するかが定まらなかったことが一因ではないかと思われる。明治期の「行政罰」に関する説明をみれば、過料に関する誤りを、私立大

---

1)　美濃部達吉『日本行政法　第三巻』（有斐閣書房、1914年初版1915年訂正第5版）、同『日本行政法各論　上巻』（有斐閣、1917年）参照。
2)　和田英夫「日本行政法の歴史的性格――明治憲法体制における行政法の地位」法律論叢35巻3号（1962年）16頁参照。
3)　美濃部達吉の明治期、大正期、昭和前期の著作については、国会図書館収蔵図書を参照。

学講義録において一度、明治42年『日本行政法』において一度、計二度、各々異なった誤りを犯しているからである。

　私立大学講義録における過料に関する誤りとは、執行罰を処罰として分類した点である。美濃部が私立大学講義録において「処罰」として挙げたのは、特別の法規によって行政処分の形式で科する、1）違警罪即決例（明治18年9月太政官布告第31号）に基づく「違警罪即決処分」（科料、拘留）、2）間接国税犯則者処分法（明治33年法律第67号）に基づく「間接国税犯則者ノ處分」（罰金、科料）、3）市制町村制（明治21年法律第1号）91条に基づく「市町村條例反則者ニ対スル市町村長ノ處分」（科料）、4）「所謂執行罰」（過料）の四つである。

　私立大学講義録で取り上げられた過料は「執行罰」としての過料だけであるが、「執行罰」は行政上の強制手段であるため、刑罰と並べて処罰に含めることは誤りである。明治42年『日本行政法』ではこれを修正し、処罰に含まれないという説明の仕方をしている。

　次に、明治42年『日本行政法』において、過料は「行政罰」の観念と刑事罰を区別する制度上の形跡であるという説明の仕方がなされ、過料は非常に重要な役どころを割り振られている。

　明治42年『日本行政法』における美濃部の「行政罰」ないし「秩序罰」の説明の仕方は控除的である。まず「処罰」という意味を「刑罰ノ外尚種々ノ種類ノ處罰ヲ包含スル」と広くとり、ここから執行罰と懲戒罰を差し引く。残ったものを「本来ノ意義ニ於ケル刑罰」として、さらに「狭義ノ刑罰又ハ刑事罰（Kriminalstrafe, Verfassungsstrafe）」と「行政罰（Verwaltungsstrafe）又ハ秩序罰（Ordnungsstrafe）」に分け、「行政罰」の観念と刑事罰を区別する制度上の形跡として、法律が「過料トイフ刑名」を設けていることを挙げる。

　非訟事件手続法によって科される民法、民法施行法、商法、戸籍法の過料が、「行政罰」ないし「秩序罰」の例に挙げられている。法律が科料ではなく過料としたのは、これを一般の刑罰と区別し、刑罰に関する一般原則を適用しないということを明らかにしたものであり、非訟事件手続法により民事裁判所が管轄することから、「過料トイフ刑名」を設けて法律は少なくとも一般刑罰の

57

外に之と種類を異にする刑罰のあることを認めたのだという主張を展開する[4]。

しかし、この主張は誤っている。明治13年旧刑法第5条「此刑法ニ正條ナクシテ他ノ法律規則ニ刑名アル者ハ各其法律規則ニ從フ　若シ法律規則ニ於テ別ニ總則ヲ掲ケサル者ハ此刑法ノ總則ニ從フ」という規定の下では、過料は刑罰であるという主張もあり得たが、明治40年刑法第9条が刑名を列記したことによって、過料は刑罰としての側面を失ったからである[5]。

「過料トイフ刑名」という表現は誤ったものである。しかし、すぐには修正されず、明治42年『日本行政法』は大正期に版を重ねてゆく[6]。過料の性質を刑罰とすることによって、一般刑罰の外に之と種類を異にする刑罰があることを認めたという主張の論拠とするのであるから、「過料トイフ刑名」は表現の修正問題にとどまらず、美濃部の「行政罰」の根幹に関わる見直しを迫るものである。容易に修正できなかったのではないだろうか。

3　昭和前期の「行政罰」

岩波書店から出版された昭和8年『行政法Ⅰ』は、初学者のために書かれたものであり、本人も「はしがき」で述べるように「説明が非常に「簡単平明」」である。美濃部は行政作用法を「第一章総則」と「第二章警察法」に分け、「第一章総則」は「第一節行政作用法一般」「第二節行政行爲」「第三節行政罰及行政上の強制執行」の3節からなる。目次に位置付けられた「行政罰」であるが、記述はわずか2頁に満たない。

「行政罰」とは、行政法上の義務違反に対する制裁として科せられる処罰であり、現行法上、1) 刑法に刑名のある処罰、2) 法律が行政法上の義務違反に対し科する過料、3) 府県及市町村において条例をもって科する過料、という

---

4)　美濃部達吉『日本行政法　第一巻』(有斐閣書房、1909年) 197頁以下。明治期の「行政罰」について、須藤陽子「美濃部達吉「行政罰」変遷の意義――明治期」立命館法学372号 (2017年) 22頁以下。

5)　須藤陽子「過料に関する一考察――美濃部達吉「過料トイフ刑名」」立命館法学371号 (2017年) 1頁以下。

6)　筆者が最初にこの表現を目にしたのは、明治40年刑法下に出版された大正3年 (1914年) 版『日本行政法　第一巻』であった。

三種を挙げる。2) の過料は、「形式上にも刑罰とは全く区別せられて居るもので、刑法総則の適用なく、民事裁判所に於いて非訟事件手続法に依つて言渡し、其の強制執行も亦民事訴訟法に依るもの」である。「簡易平明」な説明なるがゆえに、何をもって「行政罰」と「刑事罰」に分けるか、その区別の標準は示されていない[7]。

　昭和11年『行政法撮要　上巻』では、ここに至って、明治42年『日本行政法』で述べられた「行政罰」との決定的相違が明らかになる。「行政罰」とは、「即チ行政法上ノ義務違反ニ対シ国家又ハ公共団体ガ其ノ一般統治權ニ基キ人民ニ科スル所ノ制裁タル處罰ヲ謂フ。其ノ行政法上ノ義務違反ニ対スル處罰ナルコトニ於テ刑事犯罪ニ対スル處罰トシテノ刑事罰ト区別セラレ、過去ノ義務違反ニ対スル制裁ナルコトニ於テ将来ニ対スル強制執行ノ手段トシテノ執行罰ト区別セラレ、一般統治權ニ基キ科スル處罰ナルコトニ於テ特別ノ權力関係ニ基ク處罰トシテノ懲戒罰ト区別セラル」るとする。そして処罰の種類及び手続により「行政罰」は三種に区別されるといい、昭和8年『行政法Ｉ』にも記されていた1）刑法に刑名のある処罰、2）法律が行政法上の義務違反に対し科する過料、3）府県及市町村において条例をもって科する過料、という三種を挙げる[8]。

　明治42年『日本行政法』の「行政罰」からは、当時わが国に紹介されたゴルトシュミットの理論の影響を読み取ることができる。明治42年『日本行政法』において「行政罰」は一般刑罰の外にあるものと観念されているが、昭和11年『行政法撮要　上巻』では、刑罰は「行政罰」の手段の一つとなっている。過料について、過料の性質に言及することなく、刑法総則適用の有無と非訟事件手続法に依る科罰手続を述べるにとどまる。

　明治期の「行政罰」と昭和前期の「行政罰」は、定義の仕方が全く異なる。明治42年『日本行政法』と昭和11年『行政法撮要　上巻』を比較した場合、明治期の「行政罰」の定義がまず犯罪を分類するところから始まるのに対して、昭和前期の「行政罰」は「行政法上の義務違反」を念頭に置いたものである。

7）　美濃部達吉『行政法Ｉ』（岩波書店、1933年）171頁以下。
8）　美濃部達吉『行政法撮要　上巻』（有斐閣、1924年初版1936年訂正第5版）213頁以下。

明治42年『日本行政法』で用いた「行政罰」は、美濃部がオットー・マイヤー『ドイツ行政法』「警察罰」に学び、考案したものである。「警察」は旧時の包括的意義において用いられるが、たとえば財政犯罪の処罰などを財政警察とするより、これは行政犯罪というほうが適当な名称であるという[9]。そしてここから美濃部は「行政罰」という用語法を考案するのであるが、これは、まずは行政犯罪があって、行政犯罪を犯す者が行政犯であり、行政犯に科せられる処罰が行政罰であるという発想に基づいている。明治時代、刑事犯罪と警察犯罪（行政犯罪）、刑事犯と警察犯（行政犯）をいかに分けるかが重要な関心事であったのであろう。

　これに対して、昭和11年『行政法撮要　上巻』では、刑事犯と行政犯という犯罪の性質、質的観点を最初に置くのではなく、行政法上の義務違反という観点を基軸に処罰を説明しようとする。この「行政法上の義務違反」という観点は、後述する佐々木惣一が大正13年（1924年）改版『日本行政法論　総論』において示しているものである（佐々木は「行政法上の」ではなく「行政上の義務違反という」）。美濃部は佐々木惣一の「行政罰」に影響を受けたのではないかと思われる。

　美濃部は行政法総論では「行政法上の義務違反」という観点から処罰を説明しているが、各論においては「行政法上の義務違反」ではなく、犯罪の質的観点から刑事罰に対する「行政罰」の特殊性を説明しようとする。昭和19年（1944年）に出版された『経済刑法の基礎理論』「序」冒頭「同じく刑罰を以て制裁とせらるる法令違反の行爲の中にも、行政犯罪と刑事犯罪とは著しく其の性質を異にし、從つて又これに適用せらるべき法律上の原則をも異にすることは、著者

9）　須藤・前掲注（4）41頁以下。
　　明治42年（1909年）に佐々木惣一は「行政犯ノ性質ヲ論シテ警察犯ニ及フ」京都法学会雑誌4巻3号（1909年）54頁以下を発表している。ゴルトシュミット著『行政罰法（注：佐々木訳）』(Das Verwaltungsstrafrecht)（1902年）を紹介するにあたり、ゴルトシュミットが主張する論拠は必ずしも彼の独創ではなく、「行政罰法ナルモノハ凡二十年前スタインノ名實共ニ之ヲ主張シタルアリ」「行政犯ノ特質ハ凡十年前オー、マイヤーノ之ヲ暗示シタルアリ」と述べる。
　　論文中には、Otto Mayer, Verwaltungsar. Bd. XI S. 348 (350) の文献が挙げられている。

の豫ねてより信じて居る所で、此の所信を明らかにするが爲めに著者は未熟の研究ではあつたが昭和十四年に拙著『行政刑法概論』を公にしたのであつた。」と述べ、「行政犯罪一般殊に経済事犯に関する著者の所信」に基づいて議論が展開されている。[10]

　刑事犯罪に対して経済犯罪（行政犯罪）は著しく性質が異なるという主張は、首肯し得るものであろう。では、刑事犯罪に対して警察犯罪（行政犯罪）はどうだろうか。刑事犯罪と警察犯罪、両者の境界線は非常に曖昧である。経済犯罪の特殊性を挙げ、適用される原則が刑事犯罪と異なることを言うことができても、それは刑事犯罪に対する行政犯罪一般の特殊性を論証したことにはならない。美濃部の学説の欠点は、警察犯罪と行政犯罪の関係が論じられていない点である。後述する佐々木惣一の学説は、美濃部説のかかる欠点をついたものである。

Ⅱ　佐々木惣一の「行政罰」

1　大正期の「行政罰」

1　「警察罰」から「行政罰」へ

　佐々木惣一が名著と評される『日本行政法論　総論』を公刊したのは大正10年（1921年）であった。[11] 大正11年（1922年）『日本行政法論各論　通則　警察行政法』（以下、大正11年各論という）の公刊よりも早いが、「警察罰」が大正11年各論に既にあったのに対して、「行政罰」は行政法総論にまだなく、行政法総論に位置付けられたのは大正13年改版『日本行政法論　総論』（以下、大正13年改版総論という）である。「行政罰」の構築が「警察罰」よりも遅かった意味を問うべきであろう。

　内務行政の主要なものは警察行政である。警察行政ないし「警察罰」の特性

---

10)　美濃部達吉『経済刑法の基礎理論』（有斐閣、1944年）1頁以下。
11)　柳瀬良幹の座談会（田中二郎、柳瀬良幹、田上穣治、原龍之介、林田和博、俵静夫）での発言「あれは名著だな、『日本行政法論』は。」より。「行政法学界の回顧と展望（2）」法律学全集月報8号（有斐閣、1957年）4頁。

を捨象した理論上の「行政罰」のみを考察の対象とするならば、実定法制とかけ離れた議論となってしまう。美濃部は「行政罰又ハ秩序罰ト云フ名称ハ未タ現行法律上ノ用語ニアラス其ノ学問上ノ観念モ亦未タ発達スルニ至ラス」[12]と言いつつ、「警察罰」ではなく「行政罰」から先に構築しようと迷走したが、佐々木惣一はまず「警察罰」を確かなものとした。「刑事犯と行政犯」という場合、それが実は「刑事犯と警察犯」の問題であることが多々ある[13]。警察は各論でありながら広範かつ主要な行政であったから、「警察犯」と「行政犯」、「警察罰」と「行政罰」の関係に無頓着に「行政罰」を論じることはできない。佐々木惣一の「行政罰」を理解するには、各論である「警察罰」を踏まえなければならない。

2 警察犯処罰令および違警罪即決例

「警察罰トハ国家カ統治ノ客體ノ警察義務ノ不履行ニ基キ之ニ對シテ制裁トシテ科スル所ノ處罰」[14]である。行政罰の一種であり、かつ、その主要なものである。

警察罰も憲法上の立法事項である。明治憲法23条は「日本臣民ハ法律ニ依ルニ非スシテ逮捕監禁審問處罰ヲ受クルコトナシ」と定める。警察罰の規定は必

---

12) 美濃部達吉『法学博士美濃部達吉講述　行政法総論』(早稲田大学出版部、出版年不詳)183頁。

13) ゴルトシュミット著『行政処罰法 (注：佐々木訳)』(Das Verwaltungsstrafrecht) (1902年)をわが国に最初に紹介した論稿は、佐々木惣一「行政犯ノ性質ヲ論シテ警察犯ニ及フ」京都法学会雑誌4巻3号 (1909年) 54頁以下であったが、論題にあるように、「行政犯」を論じようとしても、わが国に当てはめれば「警察犯」になる。佐々木惣一はゴルトシュミットの主張の要点を、行政犯という理論上の観念を刑事犯の外側に認め、刑事犯に対する刑罰と行政犯に対する行政罰 (Verwaltungsstrafe) を分け、行政罰に規定する行政罰法は刑法ではなく行政法に属し、行政罰を科するのは裁判ではなく行政である、と整理する。「行政犯ノ観念」しだいでは「我国ノ法制モ亦此ノ理論ノ配下ニ立タサルヲ得ス」という。明治13年旧刑法第四編違警罪の規定を明治40年刑法に盛り込まなかったこと、立法者が警察犯を刑法中に入れるべきものではないと思料したことを指摘し、警察犯と行政犯の観念の異同を問題とする。

　　警察犯と行政犯の異同に言及するものに、須貝脩一「行政犯と刑事犯」法学論叢33巻6号 (1935年) 963頁以下参照。

14) 佐々木惣一『日本行政法論各論　通則　警察行政法』(有斐閣、1922年) 210頁。

ず法律または委任命令に依ると解されていた。刑罰は、法律、勅令、閣令および省令、地方長官の定める命令に根拠を置き、過料は法律に根拠を置くものであった。過料を命令で定めることができなかったのは、罰則として命令に委任されていなかったからである。命令違反に対する罰則の根拠として、下記のような法令が定められている。

「命令ノ條項違犯ニ關スル罰則ノ件」（明治23年法律第84号）
命令ノ條項ニ違犯スル者ハ各其ノ命令ニ規定スル所ニ從ヒ二百圓以内ノ罰金若ハ一年以下ノ禁錮ニ處ス

「閣令省令廳令府縣令及警察令ニ關スル罰則ノ件」（明治23年勅令第208号。明治41年勅令第245号によって改正）
第一條　内閣總理大臣及各省大臣ハ法律ヲ以テ特ニ規定シタルヲ除クノ外其ノ發スル所ノ閣令又ハ省令ニ二百圓以内ノ罰金若ハ科料又ハ三月以下ノ懲役、禁錮若ハ拘留ノ罰則ヲ附スルコトヲ得
第二條　地方長官及警視總監ハ其ノ發スル所ノ命令ニ五十圓以内ノ罰金若ハ科料又ハ拘留ノ罰則ヲ附スルコトヲ得

警察犯処罰令（明治41年内務省令16号）は警察罰の典型例であり、明治13年旧刑法第四編違警罪がその前身である。明治40年刑法が違警罪の規定を削除したことに伴って、違警罪に相当する内容の規定が警察犯処罰令として、明治23年勅令第208号第1条を根拠に内務省令の形式をもって定められた。警察犯処罰令の特色は、正式の裁判によらず、警察署長またはその代理人たる官吏がこれを即決することができる簡略化された科罰手続にあり、違警罪即決例（明治18

---

15) 田村豊・有村金兵衛『警察罰詳論』（良書普及会、1933年初版1944年第3版）10頁以下参照。
16) 松井茂「刑事犯ト警察犯トノ区別ヲ論ス」警察協会雑誌第4号（1900年）6頁以下によれば、明治41年（1908年）に制定された警察犯処罰令の前身は旧刑法第4編に規定された違警罪である。このほか、各地方の便宜によって地方行政官庁が設けた違警罪もあった。しかし、地方行政官庁が県令において違警罪を規定する根拠については議論があり、明治23年（1890年）年に勅令第208号が制定されるまで「法律ノ黙諾」の状態にあり、勅令208号の制定により初めて地方官に罰則を与える権限を付したものだという。
17) 田邊保晧『違警罪即決例詳解』（日本警察新聞社、1921年）19頁以下参照。

年太政官布告第31条）によるとされた点にある。警察署長が刑罰である科料、拘留を科する、つまり、その行為の性質は行政処分であった。[18]

　違警罪即決例は、もっぱら違警罪、即ち拘留または科料に該当する罪に適用された。明治40年刑法から違警罪はなくなったが、刑法施行法（明治41年法律第29号）31条が「拘留又ハ科料ニ該ル罪ハ他ノ法律ノ適用ニ付テハ旧刑法ノ違警罪ト看做ス」と定めていたからである。刑法から違警罪はなくなったが、手続法上違警罪は存在したのである。

　須貝脩一は、行政犯、警察犯というのは、純理論上の概念であるといい、内務省令警察犯処罰令の表題にある「警察犯」と混同してはならないという。警察犯処罰令は、拘留又は科料に当たる罪を集めたものであって、警察犯処罰令のうちには理論上の警察犯（行政犯の一種）たる性格を有することから拘留・科料に当たる罪と、拘留・科料に当たるという理由だけから警察犯処罰令に入れられている罪があるという。[19]

3　「行政罰」と立法政策

　佐々木惣一によれば、処罰はこれを科する目的によって制裁罰と強制罰に分かれる。強制罰に属するものが執行罰である。制裁罰について、「現行法ニ於テハ」という慎重な言い回しを用いながら、「法益ノ侵害アルコトニ着眼シ之ニ基テ處罰ヲ科スルモノ」、および「行政上ノ義務ノ違反ニ着眼シテ之ニ基テ處罰ヲ科スルモノ」に大別する。前者が刑罰である。

　そして、後者の「行政上ノ義務ノ違反ニ着眼シテ之ニ基テ處罰ヲ科スルモノ」に属する一様でない処罰をさらに分類して説明しようとする。1）特別権力関係の侵害に基づく懲戒罰、2）営造物の管理権に基づき課した義務の不履行に対する処罰、3）財政上の義務の不履行に対する処罰（財政罰）、4）警察上の義務の不履行に対する処罰（警察罰）、という四種を挙げ、懲戒罰以外のものを

18）　行政裁判所評定官・村上恭一「違警罪即決例管見」警察研究第3巻6号（1932年）28頁。形式は行政処分であるが、その実質においては紛う方なき司法処分であり、すなわち、拘留または科料を科するということはその性質において裁判、したがって憲法違反の疑いありという。

19）　須貝・前掲注（13）963頁以下。

行政罰とする。

　すなわち、「行政罰トハ國家カ統治ノ客體ノ行政上ノ義務ノ違反中特別ノ權力關係ノ侵害以外ノモノニ基テ之ニ對シテ制裁トシテ科スル所ノ處罰」である。しかし、佐々木自身が認めることであるが、徹底し得ないことがある。刑罰は「法益ノ侵害ニ基テ科スル處罰」とするのであるが、行政罰を科する行政犯であっても法益の侵害はあり得る。刑罰と「行政罰」の境界線上の問題である。法益の侵害の有無によって両者をクリアに分けることができない。佐々木は大正11年各論においてこの点を認め、警察犯は法益の侵害を生じることがない、刑事犯は警察義務の不履行を生じない、というのは大いに誤っているという。警察犯の非行が必ずしも警察義務の不履行に止まらない場合や、警察犯が同時に法益を侵害することもあり、そういった場合に、刑事犯として刑事罰を科するのか、あるいは警察犯として警察罰を科するのかは立法政策の問題であって、通常、いずれを科するかの標準は社会的影響の大小であると述べる。[20]

　佐々木惣一の「行政罰」理解の特徴は、「行政罰」が立法政策によって形づくられるものであることを前提としている点である。たとえば、現行法上「行政罰」の手段は、法律をもって「行政罰」を定める場合には制限がなく、刑法所定の刑罰たる処罰の手段と関係なく、これに限られることはないという。

2　「行政罰」と刑法総則

　現代において「行政罰」の特性をいう場合、通例、まず挙げられるのは、過料について刑法総則の適用がないこと、刑事訴訟法ではなく非訟事件手続法が適用されることである。過料が明治23年（1890年）に商法（明治23年法律第32号）に導入された主な理由は、商法違反に対して罰則を必要としつつも治罪法の適用を外すためであり、もともとの科罰手続の根拠は非訟事件手続法ではなく本法に置かれた一か条であった。非訟事件手続法（明治31年法律第14号）は、明治29年（1896年）民法が過料規定を入れたことに伴って、過料裁判の規定を入れて

---

20)　佐々木惣一『日本行政法論　総論』（有斐閣、1924年）543頁以下。

新たに整備されたものである(非訟事件手続法明治23年法律第95号廃止[21])。

各々の過料の性質は、「行政罰」であることから理論的に導かれる特性として説明されるべきではなく、立法者が過料に明確にこれを意図した性質である。これに対して「行政罰」の手段が刑罰である場合、刑法総則との関係、刑事犯と行政犯の相違が、理論上問題となる。

古くは、美濃部が明治42年『日本行政法』において、行政罰と刑事罰を区別する実益として述べた「故意と過失」の問題に遡る。刑事犯罪は故意を犯罪の成立要素とするが、行政犯については故意と過失とを問わず、命令違反の事実を罰するのであって故意というものを要せず、この特色は特に財政罰について明瞭であるという。刑罰について刑法総則の適用を外すには法律で適用なきことを定める必要があるから、実際の区別の実益なく、理論上の問題に過ぎないとする[22]。

しかし、美濃部の行政法総論における「行政罰」の最終形を示す昭和15年(1940年)『日本行政法』では、上記の見解にとどまらない。刑事犯に適用される同一の原則を行政犯に適用することは「事理に適しないことが多い」といい、行政犯と刑事犯とは著しくその本質を異にするから、その本質的な違いから明文なき場合にも「法令の精神からみて当然に其の趣旨に解せねばならぬことが少なくない」と主張する[23]。

美濃部の主張は行政犯と刑事犯の「本質」の違いを強調し、これに依拠するものであるが、佐々木は明治13年旧刑法第四編違警罪を挙げ、かつて刑法の中で扱われていたものが新刑法では警察犯(行政犯)として刑法の外に置かれたことを指摘する。行政犯と刑事犯の「本質」は確かに異なるものであるが、行政犯として扱われるべきものが「刑事犯」とされる、その逆の場合もあり得るのであって、区別は可能であっても、どちらに位置付けるかは立法政策の問題であるという考え方に立っている。行政犯および行政罰、刑事犯および刑罰を区別する実益をもっぱら立法政策に関するものであって法の解釈に関しないとい

---

21) 須藤・前掲注(5)12頁以下。
22) 美濃部・前掲注(4)205頁以下。
23) 美濃部達吉『日本行政法 上巻』(有斐閣、1940年)321頁以下。

い、刑事犯については故意を原則、過失を例外としているが、行政犯にあっては全く主観的原因を問わないこともでき、あるいは原則として過失をもって十分とすることもできるが、それは立法政策の問題なのだとする。

佐々木の「行政罰」は美濃部と異なって、「行政罰」という観念をたてて理論を導こうとするのではなく、「行政罰」は立法政策によって形づくられるものであることを前提としている。

Ⅲ 「秩序罰」の定着

1 「行政罰」と「秩序罰」、「秩序罰」と過料の関係

1 明治期の「秩序罰」

明治期の文献を渉猟すれば、「秩序罰」という用語自体は既に明治20年代に見られ、スタイン（オーストリア）の原著を講釈する湯目補隆『警察正義　完』では「警察罰」「警察罰例」「秩序罰」が紹介されている。しかし、それは翻訳用

---

24) 「行政罰」（佐々木惣一執筆）『法律学辞典　第一巻』（岩波書店、1934年）462頁以下。

　「行政罰」の在りようを立法政策の問題とする佐々木であるが、法人に行政罰を科することの可否については、解釈の問題として下記のようにいう。

　「蓋し刑法総則は法人の責任能力に付ては何等示すところがないのであるから、準刑罰（筆者注：刑罰）たる行政罰に付ては、法人にこれを科し得るや否やは全く刑法を離れて理論に依つてこれを決し得る。又純粋行政罰（筆者注：過料）に付ては勿論全く刑法を離れて理論に依つてこれを決し得る。而して理論上よりせば、法人も行政法上の義務を有し得べく、従つて行政法上の義務を履行せざることがあり得る。其の結果行政法上の制裁たる処罰を科せられ得ること当然である。故に法人に対しても行政罰を科することを得るものと云わざるを得ない。」(463頁)

　「行政罰」の項目で挙げられている日本語参照文献は、美濃部達吉「行政罰法の統一と其の通則」杉村章三郎編『筧教授還暦祝賀論集』(1934年)と佐々木惣一「行政犯ノ性質ヲ論シテ警察犯ニ及フ」・前掲注(14)だけであり、佐々木が法人の責任能力に言及しているのは、美濃部が昭和9年「行政罰法の統一と其の通則」において法人の責任能力と処罰の問題に論究したことに触発されたものと思われる。

25) スタインの原著を講釈する湯目補隆『警察正義　完』が出版され、「警察罰」「警察罰例」「秩序罰」が紹介されている。湯目補隆『警察正義　完』(1891年) 大阪警察本部蔵版。

語であって、明治30年代の警察法[26]や行政法の体系書[27]には「行政罰」「秩序罰」という用語は見られない。

　美濃部が著した明治期の私立大学講義録では「行政罰」と「秩序罰」は区別されていない。「行政罰又ハ秩序罰」というふうに、両者は並列に位置付けられている。美濃部は早稲田『行政法総論』において「總テ刑罰ハ之ヲ普通ノ刑罰ト行政罰又ハ秩序罰トニ区別スルヲ得ヘシ」といい、「行政罰」「秩序罰」という用語を、「普通ノ刑罰」から特別の法規によって行政処分の形式で科する「処罰」を区別するために用いている点に特徴がある。

　「行政處分ニ依リ是等ノ處罰ヲ科スルノ權ヲ認メタル立法上ノ理由ハ犯罪其モノ、性質ニ之ヲ求ムルコトヲ得ヘシ總テ刑罰ハ之ヲ普通ノ刑罰ト行政罰又ハ秩序罰トス云フ名称ハ未タ現行法律上ノ用語ニアラス学問上ノ観念モ亦未タ発達スルニ至ラスト雖モ所謂行政罰ハ普通ノ刑罰トハ異ナリタル著シキ特色ヲ有ス不論罪數罪倶發自首又ハ酌量減輕又ハ未遂犯等ノ場合ニ於イテ普通刑罰トハ著シク其ノ適用ヲ異ニセルコト是ナリ」[28]という。

　私立大学講義録を公刊した時点では、「行政罰又ハ秩序罰」と過料は結び付いていない。「行政罰又ハ秩序罰」も罰金、科料、拘留という刑罰を科するものである。私立大学の講義録では「行政罰」「秩序罰」の内容は定義されておらず、各々の内容も、その区別も明確ではない。

　明治42年『日本行政法』の「行政罰」「秩序罰」には、私立大学講義録のそれと比較して大きな変化が幾つかある。まずは「行政罰」と「秩序罰」の分離傾向が見受けられる。私立大学講義録では「行政罰」と「秩序罰」を分けずに常に「行政罰又ハ秩序罰」と表記していたが、表記上分離している箇所が見られるよう

---

26)　渡辺清太郎・鮫島東四郎『日本警察法述義』(日本法律学校法政学会、1900年初版1903年増補6版) 370頁に違警罪の意味で用いられる「警察罰」はあるが、「秩序罰」という用語は見られない。

27)　須藤・前掲注 (4) 27頁以下。織田萬『日本行政法論』(有斐閣書房、1895年)、穂積八束『行政法大意』(八尾新助、1896年)、織田萬『行政法　全』(京都法政学校第2期第1学年講義録、1903年)、市村光恵『行政法原理』(宝文館、1906年)には、「行政罰」「秩序罰」という用語は用いられていない。

28)　美濃部・前掲注 (12) 183頁。

になる。

　「処罰」を区別する場合には、前述したように、「行政罰又ハ秩序罰」という表記が用いられ、「本来ノ意義ニ於ケル刑罰」として、さらに「狭義ノ刑罰又ハ刑事罰（Kriminalstrafe, Verfassungsstrafe）」と「行政罰（Verwaltungsstrafe）又ハ秩序罰（Ordnungsstrafe）」に分ける。

　他方で、刑事罰との区分のメルクマールを語る際には、もっぱら「行政罰」という表記が用いられている。私立大学講義録において、「行政罰又ハ秩序罰」は行政処分による科罰手続という特色によって一般刑罰と区別されていたが、明治42年『日本行政法』では、「行政罰ノ観念及ヒ其ノ刑事罰トノ区別」について、制度上の形跡として法律が「過料トイフ刑名」を設けて一般刑罰の外にこれと種類を異にする刑罰があることを認めたのだと、美濃部は主張するようになる。これによって明治42年『日本行政法』の時点で初めて「行政罰」と過料が結び付きをもって理解されるようになったのであるが、それは「秩序罰」ではなく「行政罰」との結び付きであることに留意が必要であろう。

　「行政罰又ハ秩序罰」から「行政罰」へ、表記上の区別が見られるのであるが、明治42年『日本行政法』においても「行政罰」「秩序罰」が定義されることがない。

2　犯罪の質的観点と「秩序罰」

　美濃部は、犯罪の質という観点から刑事罰に対する「行政罰又ハ秩序罰」の特質を語ろうとする。私立大学講義録においては、「普通ノ刑罰」と「行政罰又ハ秩序罰」を区別し得るのは「行政罰」が科せられる「行政犯罪」の性質が「普通犯罪」と異なるからであると述べている。明治42年『日本行政法』においても、行政罰と刑事罰との性質上の区別について未だ定説がないとしつつ、その区別が処罰の種類にあるのではなく、その処罰の原因である犯罪の性質に依る

29）　美濃部・前掲注（12）184頁。「行政罰カ此ノ如ク普通刑罰ト其ノ適用ノ原則ヲ異ニスル所以ハ行政罰カ其犯罪ノ性質ニ於テ普通犯罪ト異ル所アリニヨル行政犯罪ノ性質如何ハ学説ノ分カル所ナルモ余ノ解スル所ニヨレハ行政犯罪ハ其所為カ害悪ナルカ故ニ之ヲ罰スルニアラスシテ法規ニ違反スルカ爲メニ之ヲ罰スルモノナル事ニ於テ其ノ特色ヲ有スルモノナリ」。

区別であることは疑いがないという。

　明治42年『日本行政法』において、刑事犯罪と警察犯罪、警察犯罪と行政犯罪について言及されているが、「秩序罰」について犯罪の質的観点から語られることがない。明治41年・42年に出版された中央『行政法』において、「行政罰」ではなく、もっぱら「秩序罰」という用語を用いて説明がなされているが、「秩序罰」と「行政罰」を並列的に置いたうえで他の著作では「行政罰」に付されている説明を「秩序罰」に付したものであるため、「行政罰」と「秩序罰」は内容的な区別がないという意味に捉えるべきであるのか、単なる印刷上の誤りで両者を取り違えたものであるのか、残念ながら、判読することができない。

　美濃部の一連の著作から、「行政罰」と「秩序罰」がともに行政犯罪に属するものであることがわかるが、両者を犯罪の質的観点から区別することはできない。

2　各論警察法における「秩序罰」

　大正8年（1919年）以降、美濃部の行政法総論から「行政罰」は消えたが、各論である警察法には「警察罰」という項目が変わらずあった。

　美濃部は、大正3年（1914年）初版大正4年（1915年）訂正第5版『日本行政法　第三巻』（以下、大正3年『日本行政法　第三巻』という）において、「警察罰」とは「警察義務ノ違犯ニ対スル制裁トシテ課セラルル刑罰ナリ」という。大正3年『日本行政法　第三巻』の警察罰には「秩序罰」も過料も登場しない。この定義の仕方から問題となるのは、明治40年刑法9条の下で刑罰ではないと理解されるようになった、各論警察法における過料の扱いである。

　美濃部の各論警察法における「秩序罰」の扱い方は、大正前期と大正後期で異なる。美濃部の学説の推移を追えば、明治期と大正期の行政法総論には「秩序罰」と過料の結び付きは見られないが、各論警察法においては、大正後期に

---

30)　須藤・前掲注(4) 42頁。
31)　美濃部達吉『法学博士美濃部達吉講義　行政法』（中央大学、1908年・1909年）201頁。
32)　美濃部・『日本行政法　第三巻』前掲注(1) 101頁、同『日本行政法　各論　上』（有斐閣、1914年初版1917年合冊）101頁。

過料と「秩序罰」が結び付いているのである[33]。

　大正末になり、美濃部の行政法論が体系的に完成されたと評される大正13年（1924年）初版『行政法撮要　全』第二編各論（以下、大正13年『行政法撮要　全』（各論）と略す）において、「警察罰」の定義に変化が見られる。「警察罰」とは、「警察義務ニ違反スル行為ヲ警察犯ト謂ヒ、警察犯ニ対スル制裁トシテ科セラルル罰ヲ警察罰ト謂フ。我ガ国法ニ於ケル警察罰ニハ形式上ニ二種ノ別アリ、一ハ刑法ニ定ムル刑ニシテ一ハ過料ナリ」[34]と述べる。刑罰に限定されていた警察罰に、過料が加えられるようになっている。

　過料を刑罰と捉える見解は大正末には見られなくなり、大正13年『行政法撮要　全』（各論）では過料の性質を「全ク刑法ニ定ムル刑ト名称ヲ異ニスル處罰」「過料ハ形式上ニ於テモ全ク刑罰ト区別セラレ、随テ刑法総則及刑事訴訟法ノ適用ヲ受ケズ」と説明し、過料の性質の説明に続けて、「秩序罰」について、「過料ノ名ヲ附セラルル罰ハ普通ニ秩序罰ト称セラルト雖モ、秩序罰ハ単ニ形式的観念ニシテ、其性質ヨリ言ヘバ種々ノ罰ヲ包含シ、殊ニ執行罰、財政罰、営造物利用ノ秩序ヲ維持スル爲ノ罰、民事関係ノ秩序ヲ維持スル爲ノ罰、公共組合ニ於ケル組合員ノ懲戒罰ノ如キ亦過料ノ名ヲ附スルモノアリ、而シテ警察義務ノ違反ニ対シテモ往々過料ノ制裁ヲ科スルコトアリ」[35]と述べる。

　美濃部は行政法総論において「行政罰」との関係で「秩序罰」について説明をすることがなかった。この記述から読み取れるのは、秩序罰は犯罪の質から分けたのではなく「形式的な」区別であること、大正13年の時点では執行罰と懲戒罰をも入れて「過料」[36]を説明しようとしていること、「秩序罰」を「過料」を科することに着目して説明しようとする美濃部の意図等である。「過料」と「秩序維持」という共通項で括ることができれば、「秩序罰」と称することが可能と

---

33)　須藤陽子「「行政罰」と「秩序罰」の形成と定着——大正期・昭和前期」立命館法学373号（2017年）204頁に「大正期の各論警察法の教科書には、過料ないし「秩序罰」という用語は登場しない」とあるが、正しくは「大正初期の各論警察法の教科書には」である。

34)　美濃部達吉『行政法撮要』（有斐閣、1925年）第二編各論25頁。

35)　美濃部・前掲注（34）29頁。

36)　執行罰の過料は、過料という名称であっても由来が異なる。須藤・前掲注（5）19頁以下。

いうことであろう。美濃部の説明に欠けているのは、「形式的な」という表現についての説明である。

3　大正後期・昭和前期の「秩序罰」
1　東京学派と京都学派？

　大正11年（1922年）中島弘道『非訟事件手続法論　総則』は、美濃部の『日本行政法総論』(本文中に出版年は記されていない) を引用して、過料の性質を下記のように説明する。

　「抑々過料ナル名称ヲ有スル罰ノ性質ハ刑事罰（Kriminalstrafe）ニアラスシテ秩序罰（Ordnungsstrafe）ニ属スルコトハ異論ナク、而シテ秩序罰ト刑事罰トノ区別ハ未タ充分明瞭ニセラレタリト称スヘカラサルモ、犯人ノ罪悪ニ対スル制裁ナルカ、將タ単純ナル秩序維持ノ方法トシテ課スル罰ナルカニ依テ区別スヘシトスルヲ通説トス (美濃部博士、日本行政法総論一九九頁以下)。」[37]

　刑事罰に対して、過料と「秩序罰」を「単純なる秩序維持」という観点から区別することを「通説」とする中島の記述は、現代においても引用されている。しかし、中島が依拠している美濃部の「行政罰」「秩序罰」をめぐる学説の変遷ぶりからすれば、「通説」という中島の見解は首肯し難い。「行政罰」「秩序罰」という用語法を用いる美濃部の行政法総論は、明治期・大正期にあって異色である。

　ゴルトシュミット『行政処罰法（注：佐々木惣一訳）』を日本へ紹介したのは佐々木惣一の明治42年（1909年）「行政犯ノ性質ヲ論シテ警察犯ニ及フ」であるが、佐々木惣一が自身の体系書に「行政罰」を持ち込んだのは非常に遅く、大正13年（1924年）改版『日本行政法　総論』(以下、大正13年改版総論という) であった（「警察罰」は、既に大正11年（1922年）『日本行政法論各論　通則　警察行政法』(以下、大正11年各論という) にある）。そして、大正11年各論、大正13年改版総論にも、「秩序罰」というものは扱われていないのである。

　渡辺宗太郎の昭和7年（1932年）『行政法講義（総論）』、昭和7年『行政法講義

---

37)　中島弘道『非訟事件手続法論　総則』（巖松堂書店、1922年）65頁。

（各論）』にも「秩序罰」という用語は用いられていない。過料について総論「行政罰」よりも各論「警察罰」において詳述されている。佐々木惣一が「警察罰」を論じた後にようやく「行政罰」を行政法体系に入れたように、戦前の主要な行政は警察行政であって、実定法制に基づこうとすれば「警察罰」を論じることが先になるのであろう。

昭和7年『行政法講義（各論）』には、「一般に過料とは一定の場合に科せられる金銭罰であって国法が特に過料と称するものをいふ。其の性質は単に警察罰に限られるものではない。執行罰たる過料あることは既に述べたところであり、市町村條例に依って使用料、手数料、及び特別税の徴収に関し科し得る過料は財政罰たる性質を有し、市町村條例に依って営造物の使用に関し科し得る過料は営造物使用関係の秩序を維持する為の制裁たる性質を有する（市制第129条、町村制第109条）。併し実際上は警察義務の違反の制裁として科せられる過料を最も多しとする（戸籍法第176条、銀行法第35条、第36条、無盡業法第24条）。」とある。

注目すべきであるのは、過料が科せられるのは「警察罰」に限られないと理解されていることである。警察行政よりも広く行政は捉えられるのであるから、各論には「警察罰」以外にも各論の罰が存すると考えられる。美濃部と渡辺の違いは、過料を科することに共通項を探そうとするか、あるいは各論において「警察罰」以外の各論の罰を構築する、という発想の違いではないだろうか。

「秩序罰」という用語法について、東西（東京と京都）には大きな落差がある。京都では「秩序罰」として講じられていなかったと思われる。

2　『法律学辞典』における「秩序罰」[39]

昭和9年（1934年）に出版された『法律学辞典』（岩波書店。以下、昭和9年『法律学辞典』という）において、「過料」の項目を担当したのは佐々木惣一であった。佐々木は、過料を行政法上の義務の強制（執行罰）と行政法上の義務の不履行に

---

[38] 渡辺宗太郎『京都帝国大学教授　渡辺宗太郎講述　行政法講義（各論）』（弘文堂、1932年）99頁以下。

[39] 「秩序罰」（美濃部達吉執筆）『法律学辞典　第一巻』（岩波書店、1934年）1868頁以下。

対する制裁（行政罰）に分け、行政罰をさらに財政罰たる過料と警察罰たる過料に分ける。

　佐々木が挙げる具体例に注目すれば、地租法により申告を為すべき義務を怠った場合などが財政罰に該当し、銀行が業務以外の業務を行ったとき（銀行法）、法人の理事が登記を怠ったとき、財産目録への不正の記載・不正の公告、官庁に対する不実の申述・事実の隠蔽、不正の届出、不正の原簿記載などの例を警察罰としている（民法、商法、産業組合法）。そして、財政罰、警察罰以外の過料として、市町村が条例に基づいてその営造物の利用に関して科する過料の例を挙げる（市制129条2項、町村制109条2項）。

　佐々木の過料分類の特色は、秩序罰という概念を用いていないこと、各論別の罰を構成する点である。秩序罰なる概念は決して明瞭に定まった内容を持つものではないから、注意して用いなければならないという。

　「秩序罰」について長い説明があるのは、昭和9年『法律学辞典』の「秩序罰」の項目であり、執筆者は美濃部達吉である。美濃部が著した明治期・大正期の行政法総論・各論の教科書等を渉猟しても「秩序罰」の内容に言及するものはないが、昭和9年『法律学辞典』において、ようやく「秩序罰」の内容が明らかとなる。その冒頭、「秩序罰という名称は我が法律用語として公用せられている語ではなく、学術語としても亦必ずしも一般に通用せられているのではない。」から始まる。

　冒頭の一文に続いて、「唯我が国法刑法に定められた處罰の外に種々の場合に付き法律上の秩序を維持する爲めに其の違反者に対して国家又は公共団体が金銭罰を科し得べきことを定め、而して其の罰はこれを刑法に定むる罰金又は科料と区別する爲めに特に「過料」と称して居る。」と述べる。つまり、「法律上の秩序を維持する」ことが「秩序罰」の目的であり、その手段は金銭罰たる「過料」である。

---

40) 法律学辞典には市制129条3項、町村制109条3項とあるが、3項は過料処分に対する訴願と裁決に対する行政裁判所への出訴を認める条文であるため、おそらく校正ミスであろう。
41) 「過料」（佐々木惣一執筆）『法律学辞典　第一巻』（岩波書店、1934年）288頁参照。

名称の必要について、法律の定めている過料の中で強制執行の手段として定める場合には執行罰ないし強制罰と称するが、「公法上の義務違反に対する制裁として科せられる過料に付いてはこれを総括すべき一定の名称の公認せられているものが無い。「秩序罰」という名称は此の種の過料の罰を総括する爲めに用いらるるもの」であるという。ここにおいて「過料」と「秩序罰」が結び付き、「秩序罰」という名称が過料の罰を括るためのものであることを、初めて明言しているのである。

「其の観念は必ずしも積極的な罰の性質から見て或る特定の性質を有する處罰を指称する観念でなく、消極的に刑法総則及び刑事訴訟法の適用を受けない處罰であることを其の観念の要素とするものである。」と述べる。しかし、これは「秩序罰」の性質であるといえるだろうか。これは「秩序罰」ではなく、過料の性質を説明しているに過ぎないと筆者は考えるのである。

『法律学辞典』「秩序罰」の項目は無用に長い。3段組頁であるが、1頁と1段を費やしながら、全く理論的内容がない。冒頭のわずか1段で「秩序罰とはいかなるものか」を語り尽くし、残り1頁は過料が規定されている実定法律の解説、過料の性質、過料の分類を長々、細々と述べる。それは過料に関する実定法制を「秩序罰」という用語を用いて説明してみせたに過ぎない。美濃部のいう「秩序罰」なるものは、理論的な内容を有するものではなく、実定法制を説明する便宜のための呼称に過ぎない。

また、外国法制に言及することがない。明治42年『日本行政法』に「行政罰（Verwaltungsstrafe）又ハ秩序罰（Ordnungsstrafe）」としてドイツ語付きで登場し、昭和9年『法律学辞典』の「秩序罰」の項目にもドイツ語Ordnungsstrafeが付されているが、ドイツ法に言及することがない。昭和9年『法律学辞典』には、「秩序罰」について、外国語文献も日本語文献も、参照文献として一切挙げられていない。秩序罰の由来は明らかでない。

美濃部は明治期以来「行政罰」と「秩序罰」という用語法を用いているが、「行政罰」がオットー・マイヤーの影響を受けたものであるのに対して、「秩序

---

42) 須藤・前掲注（4）41頁以下。

罰」についてはそうでない。「秩序罰」はOrdnungsstrafeの訳語であると思われるが、その内容はドイツ法のそれとは異なっている。ドイツ法を眺めつつ独自に考案した用語ではないだろうか。

　美濃部の「行政罰」は、変遷の振幅が激しい。初期の誤りゆえに美濃部の学説が変遷せざるを得なかったと思われるが、大正13年『行政法撮要　全』(各論)における「秩序罰」のように、突如として、論拠を示すことなく概念等を登場させる傾向がある。この傾向は「行政罰」「秩序罰」に限って見られるものではなく、田中二郎や柳瀬良幹が座談会において美濃部行政法学のかかる傾向を異口同音に語っているのである。

3　「秩序罰」の三区分

　明治期から大正期にかけて美濃部の「行政罰」に関する理解は安定せず、「秩序罰」については内容がない。しかし大正末期、大正13年『行政法撮要　全』(各論)には、現代の理解につながるような記述が見られる。「警察上の秩序罰は民事上の秩序罰に準じ、非訟事件手続法の規定に依り民事裁判所に於て之を科し」とある。「秩序罰」の説明に、警察上の秩序罰と民事上の秩序罰という表現が用いられ、「秩序罰」を区分するという発想が見られるのである。

　「秩序罰」を区分することが明確に示されたのは、昭和9年『法律学辞典』であった。「秩序罰の科罰原因たる義務違反も大體に於て三種に分つことが出来る」という。民事上の秩序維持のためにする国家の命令に対する違反、訴訟上の秩序維持のためにする国家の命令に対する違反、行政上の秩序維持のためにする国家又は公共団体の命令に対する違反、という三種である。

---

43)　広岡隆は最高裁昭和41年12月27日大法廷決定の判例評釈において、ドイツ民法には登記手続の懈怠に対して「秩序罰」(Ordnungsstrafe)を科する規定(ドイツ民法67条1項および78条)があると指摘するが、この「秩序罰」(Ordnungsstrafe)はわが国でいうところの「執行罰」的な性質を有するものであるという。広岡隆「一　非訟事件手続法による過料の裁判の合憲性　二　前項の裁判に対する不服申立についての裁判の合憲性」民商法雑誌57巻1号(1967年)153頁。

44)　「行政法学界の回顧と展望(1)」法律学全集月報7号(1957年)、「行政法学界の回顧と展望(2)」法律学全集月報8号(1957年)参照。

45)　美濃部・前掲注(34)1869頁以下参照。

昭和9年『法律学辞典』では「科罰原因」を分けるという説明の仕方であるが、昭和11年（1936年）初版『日本行政法　上巻』では「秩序罰」の「其の目的から見て」区分し、私法的秩序の維持のためにする国家の命令又は禁止の違反に対する処罰である民事上の秩序罰、訴訟手続上の秩序維持のためにする訴訟法上の秩序罰、行政上の秩序を維持するがためにする行政上の秩序罰に分け、行政罰としての秩序罰はもっぱら行政上の秩序罰であるという。[46]

　美濃部は「秩序罰」を三区分するが、そもそも区分の標準が不明である。三つに区分する標準が「科罰原因」の違いによるものであるのか、「秩序罰を科する目的」から分けたものであるのか、美濃部の述べるところは明確でない。

結　び

　美濃部と佐々木の「行政罰」を比較した場合、美濃部は「行政罰」「警察罰」において違警罪ないし警察犯処罰令をほとんど取り上げることがないことに気づかされる。昭和15年『日本行政法　上巻』において違警罪即決例は「行政刑罰」の特殊の原則の一例であるといい、警察犯の即決処分として手続の側面が紹介されているのみである。「行政罰」を立法政策の問題とする佐々木と、抽象的な「行政罰」という観念をたてて「行政罰」の特性を導こうとする美濃部の見解は対照的である。美濃部の見解は、佐々木が指摘するように、明治13年旧刑法第四編違警罪が明治40年刑法から削除された後も警察犯に相当すると解される罪が刑法中に残り、実定法制において刑事犯と警察犯（行政犯）の境界線が極めて曖昧であることによって貫徹され得なかった。違警罪ないし警察犯処罰令という実定法制は、美濃部の「行政罰」にとって都合の悪いものであろう。美濃部は行政犯というものを刑事犯との対比において説明するが、警察犯と行政犯の関係には言及することがない。

　警察行政は戦前の主要な行政であり、「行政罰」の問題は主として「警察罰」

---

46)　美濃部達吉『日本行政法　上巻』（有斐閣、1936年初版）328頁参照。

について生じるものである。[47]警察犯処罰令は占領期に廃止されたが、廃止と同日に軽犯罪法が制定され、現代に形を変えて存在する。かつて「警察罰」ないし「行政罰」として論じられたものが、現代では「行政罰」の項で取り上げられることがない。

　次章は、占領期の「行政罰」を中心に論じる。

---

47)　佐々木・前掲注 (13) 546頁。

第4章

占領期以降の「行政処罰と行政強制」[1]

I 占領期の「行政罰」

1 「警察罰」解体
1 「警察罰」としての警察犯処罰令

「警察罰トハ國家カ統治ノ客體ノ警察義務ノ不履行ニ基キ之ニ對シテ制裁トシテ科スル所ノ處罰」[2]である。行政罰の一種であり、かつ、その主要なものである。警察犯処罰令（明治41年内務省令16号）は警察罰の典型例である。明治13年旧刑法第四編違警罪がその前身であり、明治40年刑法がこれを削除したことに伴って、違警罪に相当する規定が内務省令の形式をもって定められた。

明治憲法23条は「日本臣民ハ法律ニ依ルニ非スシテ逮捕監禁審問處罰ヲ受クルコトナシ」と定めていたが、明治憲法23条にいう「法律」とは形式的意義の法律に限定されず、法律の委任に基づき制定された命令をも含むと説明された。警察犯処罰令は「命令ノ條項違犯ニ關スル罰則ノ件」（明治23年法律第84号）「命令ノ條項ニ違犯スル者ハ各其ノ命令ニ規定スル所ニ從ヒ二百圓以内ノ罰金若ハ一年以下ノ禁錮ニ處ス」という法律の委任に基づき、勅令「閣令省令廳令

---

1) 「行政処罰と行政強制」は、田中二郎『行政法総論』（有斐閣、1957年）第四章の章題である。以下、田中・『行政法総論』という。
2) 佐々木惣一『日本行政法論各論　通則　警察行政法』（有斐閣、1922年）210頁。

府縣令及警察令ニ關スル罰則ノ件」(明治23年勅令第208号。明治41年勅令第245号によって改正)「第一條　內閣總理大臣及各省大臣ハ法律ヲ以テ特ニ規定シタルヲ除クノ外其ノ發スル所ノ閣令又ハ省令ニ百圓以內ノ罰金若ハ科料又ハ三月以下ノ懲役、禁錮若ハ拘留ノ罰則ヲ附スルコトヲ得」に根拠を置くものであった。

　警察犯処罰令には目的規定がない。したがって、法令の名称にある「警察犯」の意義が重要になる。佐々木惣一は『法律学辞典』「警察犯処罰令」の解説にあたり、「警察罰とは国家が警察の目的の爲に下したる命令に遵由せざる者に対し、制裁として科するところの処罰である。これを科せらるる所爲を一般に警察犯という。即ち警察犯は国家の行政法上の命令に遵由せざるの所爲即ち行政犯の一種であり、警察罰は行政犯人に対して科せられるところの行政罰の一種である。」と述べる。

　警察犯処罰令はわずか3か条からなるが、「第1条乃至第3条に合計58の罰号を列挙し、国民の日常生活裡に極めてありふれた各種の違反事項を取り上げ」「その適用の実際において違警罪即決例と相まって警察権行使の有力な手段として利用されていた」。ここでいう「警察権行使の有力な手段」は、換言すれば、「それは時に悪用され、又は人権蹂躙の具」であったと評される。脱警察国家を目指す占領期にあって、斯様な都合の良い「警察権行使の有力な手段」は許されるものではない。

　まっさきに廃止されたのは、手続法である違警罪即決例(明治18年太政官布告第31号)である。内容が日本国憲法に抵触していたからである。違警罪即決例は、正式の裁判によらず、警察署長またはその代理人たる官吏がこれを即決することができる簡略化された科罰手続であり、警察署長が刑罰である科料、拘

---

3) 各府県にも警察犯処罰令(名称は各府県により異なる)があり、「閣令省令廳令府縣令及警察令ニ關スル罰則ノ件」(明治23年勅令第208号。明治41年勅令第245号によって改正)「第二條　地方長官及警視總監ハ其ノ發スル所ノ命令ニ五十圓以內ノ罰金若ハ科料又ハ拘留ノ罰則ヲ附スルコトヲ得」を根拠としていた。
4) 「警察犯処罰令」(佐々木惣一執筆)『法律学辞典　第一巻』(岩波書店、1934年)572頁。
5) 衆議院法制部第一部長福原忠男・前東京高等検察庁検事柏木博共著『軽犯罪法解説』(三芳書房、1948年)8頁。
6) 前掲注(5)法務総裁鈴木義男「序」1頁。

留を科する、その行為の性質は行政処分であった。[7]正式の裁判は保障されていたが正式の裁判に至ることは少なく、日常生活裡にある各種の違反行為を検挙し、刑罰を科する、両方の権限を警察機関が手中にしていたのであるから、権限の濫用は生じ易かったのである。裁判所法施行法（昭和22年4月16日法律第60号）第1条は「明治23年法律第106号、大正2年法律第9号、昭和10年法律第30号、昭和13年法律第11号及び違警罪即決例は、これを廃止する。」と定め、裁判所法施行の日（日本国憲法施行の日）から施行された。

しかし、警察犯処罰令自体は日本国憲法施行後も存続した。社会公共の秩序維持のために必要とされたからである。経過措置として、昭和22年4月17日法律第72号、昭和22年12月29日法律第244号を以て、内容を変更せず、形式だけを法律とする方法がとられている。

法律の委任に基づき命令により罰則を定めることは、現代法でも行われることである。現代法との違いは、明治23年法律第84号という法律による一般的な罰則の委任が行われていたこと、その委任の仕方に個別性・具体性を欠いている点である。[8]警察犯処罰令の存在は、明治憲法下における法律の委任の問題、命令と罰則制定の問題としても理解されるべきものであろう。

2　警察法理論の衰退と警察罰（行政罰）

日本国憲法施行後も警察犯処罰令は存続したが、軽犯罪法（昭和23年法律第39号）が制定公布され、同法附則で警察犯処罰令が廃止された。警察犯処罰令に代わって制定された軽犯罪法について、「日常生活における卑近な道徳律に違反する軽い犯罪を拾い収めることを主眼とし、特殊の行政目的遂行のための取締規定的なものは、それぞれの行政法規に必要最小限度の罰則を定めるべきで、本法にこれを取り入れることはなるべく避けたほうがよいという基本的考

---

[7]　行政裁判所評定官村上恭一「違警罪即決例管見」警察研究第3巻6号（1932年）28頁は、違警罪即決例は憲法違反であると述べる。形式は行政処分であるが、その実質においては紛う方なき司法処分であり、すなわち、拘留または科料を科するということはその性質において裁判、したがって憲法違反の疑いありという。

[8]　田中二郎『行政法講義　上』（良書普及会、1965年）272頁以下、305頁以下参照。以下、田中・『行政法講義　上』という。

え方に従った。」と説明される。「この見地から、軽犯罪法ではできうる限り行政犯的な事項を他に譲り、刑事犯的のものを掲げることに努め」「名称についても違警罪、警察犯その他の行政犯的な表現は不適当であるからこれを避け」たという。

　警察犯処罰令は警察罰（行政罰）に分類されるものであったが、はたして軽犯罪法は警察罰（行政罰）に属するものであろうか。昭和23年（1948年）に出版された田中二郎『行政法講義案　第一分冊（下）』に警察犯の処罰手続の見出しはあるが、警察犯処罰令は既に見られず、軽犯罪法についての言及も見られない。戦後の警察法理論において、軽犯罪法をどう位置付けるかがほとんど議論されていないのである。

　警察犯処罰令廃止・軽犯罪法制定という流れは、法形式の問題として見れば、命令事項から法律事項へというものであり、手続法的に見れば、違警罪即決例の廃止により警察罰も通常の刑事手続となった。かかる二点に重心が置かれ、軽犯罪法の目的と警察罰としての性格が行政法学において注目されることはなかったといえる。

　冒頭に掲げたように、かつて警察罰は警察義務違反に対する制裁として理解されたものであるが、現代行政法学において、警察義務自体が論じられることがそもそも無い。現代においては、警察義務ではなく、より具体的に、個別行

9）　法務庁検察局「昭和23年2月　軽犯罪法想定問答集」『軽犯罪法案会議資料』（国立公文書館蔵）。

10）　警察犯処罰令2条21号には「官公署に対し不実の申述を為し又は其の義務ある者に対して故なく申述を肯せざる者」に30日未満の拘留又は20円未満の科料に処する規定がある。
　　警察犯処罰令には社会公共の秩序維持のための規定（たとえば、第2条2号「乞食を成し又は成さしめたる者」）、行政犯的な事項（たとえば、第1条21号「官公署に対し不実の申述を成し又は其の義務ある者に対して故なく申述を肯せざる者」）、刑事犯的な規定が混在していたのであるが、このうち社会公共の秩序維持のための規定と刑事犯的な規定で軽犯罪法は構成されている。

11）　田中二郎『行政法講義案　第一分冊（下）』（有斐閣、1948年）。

12）　田中二郎『新版行政法下巻　全訂第二版』（有斐閣、1984年）では、軽犯罪法は言及されていない。

政法規に規定された行政上の義務違反に対する制裁として「行政罰」は論じられている。警察義務が論じられることがなくなったのは、議論のフィールドである学問上の警察法理論の衰退によるところが大きいであろう。

2　田中二郎「過料小論」の意義

　昭和23年（1948年）11月に発表された田中二郎「過料小論」は、わずか3頁の小論であるが、戦後の行政法学における行政強制論の形成、行政罰と秩序罰をめぐる議論に多大な影響を与えた論考である。行政上の強制執行の手段について、執行罰としての「過料」に対する評価が低いから廃止すべきであるという方向性が示され、そして占領期に「過料」制度の存続が図られた意味が示されている。

　「過料小論」は「過料はこれを廃止して、制裁を必要とするものは、一律に、刑罰としての罰金、科料に切りかえるべきであるとの意見が一部に有力」になり、「関係方面からこの点に関する意見を求められたのに応じ」、ごく簡単に意見を述べたものを草稿のまま掲載したものである。昭和40年（1965年）に出版された『行政法講義　上』には、GHQから「同じ性質の行為について、一つの法律では、刑罰を科することにしており、他の法律では、過料を制裁として定めている場合もあって、法制全体として甚だしい不統一が存在する」ことが指摘され、「過料という特殊な制度は、これを全廃すべきだという勧告」を受けたとある。田中二郎がその勧告に対して、行政刑罰と行政上の秩序罰を区別する意味は十分にあること、従来、規定が不統一になっている点は将来改めていく必要があることを主張したと記されている。[13] かかる主張に該当するものが、おそらく「過料小論」であろう。

---

13) 田中・『行政法講義　上』310頁。『行政法講義　上』は自治大学校での行政法講義速記録と自治実務セミナーの連載を土台にしてまとめた形式をとっている。田中二郎が公刊した教科書は多数あるが、行政強制、行政罰の内容・記述はどの教科書でもほぼ変わらない。しかしこの『行政法講義　上』は、そもそも講義の対象が学生ではなく、他の教科書と異なり講義速記録を基にしている。説明が非常に細かく、制度の成り立ちや占領期のGHQの考え方も語られている。

それでは「過料」制度を存続させることにより得られる利点は何か。「過料小論」は二つの利点を挙げている。

　一つは、行政刑罰と行政上の秩序罰を区別する意義が有り、それが「過料」制度を存置する理由である。法令違反の行為は、直接的に社会法益に侵害を加えるものと、直接的には社会法益に侵害を加えることなく、ただ間接的に社会の秩序に悪影響を及ぼす危険のあるに過ぎないものに分けられ、前者は反社会的・反倫理的行為として社会的に非難に値し、したがって刑罰を科せられるべきであるのに対し、後者は単純な義務の懈怠であって、これをもって直ちに刑罰を科せられるべき行為であるとは言い得ず、義務違反または義務の懈怠に対して、一律に刑罰を科すべしとするのは行き過ぎであるという。

　次に、一切の義務違反に対して刑罰を科するということを、刑事政策ないし刑罰政策の見地から「得策」ではないといい、それは「刑罰自体の尊厳性を失わしめる」結果につながるという。[14]

　刑罰を科すことが必ずしも最善ではないこと、行政上の金銭罰を「得策」とする考え方は、検察側にもあった。GHQの政治部法制司法課課長であったA・オプラー博士の回顧録によれば、GHQは、経済犯罪に対して厳しく訴追すべきこと、重大な経済犯罪に対してはもっと重い罰金を科す必要があるという立場に立っていた。検察側との折衝において、脱税の刑事訴追よりも行政手続で解決するほうが国庫の見地からすれば歳入的に有利であると、ある検事総長が述べたと紹介されている。その行政手続によると、事件は徴税者と納税者の間で解決され、虚偽申告の場合には「行政上の罰金」[15]が支払われるというものである。その検察官の考えでは、正式の刑事訴訟手続では証拠に関する新しい要件が大変厳しいので、多くの場合に被告人は有罪とされえないのに対し、

---

14) 田中二郎「過料小論」国家学会雑誌62巻11号（1948年）635頁以下。以下、田中・「過料小論」という。

15) 金銭罰としての過料（administrative fine）、刑法上の刑罰としての科料（fine）の英訳は、どちらもfineが用いられ、実質的には同じ制裁が行政上の処分として行われていると考えてよいという指摘がある。罰金もfineという英訳になっている。佐藤功「六　過料制度と憲法との関係」同『憲法解釈の諸問題　第1巻』（有斐閣、1953年）120頁。

「行政上の罰金」は通常債務者の心のやましさのために難なく手に入れること
ができた、という。

　GHQは「過料」という制度を将来にわたり存置することについて諒解した
が、日本国憲法下で全く問題なしと考えられていたわけではない。存続を主張
した田中二郎自身が、その一般原則を定めるべきこと、裁判所が科するべく科
罰手続を統一するべきこと、「過料も一種の罰であるから、憲法の精神から
いって、法律の定める手続により、裁判所において科するとするのが適当であ
ろう。」と述べている。

　しかしながら、現代法の視点から見れば、過料と刑罰を行為の性質からのみ
検討するのは適当ではない。過料という罰則を安易に用いることによって、日
本国憲法の定める適正手続の原則に反することがあり得るのであって、手続法
的な視点からの検討が必要であろう。

　また、現代の立法を例にとれば、過料の「行政上の金銭罰」としての側面か
らの検討も不可欠である。たとえば、空家等対策の推進に関する特別措置法
（平成26年法律第127号。以下、空家対策特措法という）第16条は、「第14条第３項の
規定による市町村長の命令に違反した者は、50万円以下の過料に処する」（１
項）、「第９条第２項の規定による立入調査を拒み、妨げ、又は忌避した者は、
20万円以下の過料に処する」（２項）と定める。罰金ではなく過料である。市町
村長の発した命令違反に対して50万円以下という過料額は、目を疑うほど高額
である。違反行為の内容自体を質的側面から問わなければならないであろう。
非難の度合いの高い、悪質な行為を対象とするから高額であると説明されるの
であれば、なぜそれは刑罰ではなく過料の対象とされるのだろうか。立法者の
意図、立法者の選択の自由の有無が問題とされなければならない。

　また、全く同じ性質の義務違反について、ある法律で制裁として刑罰を科し
ながら、他の法律では同様の行為に過料を科しているものがある。それは古く

---

16) A・オプラー著・内藤頼博監・納谷廣美・高地茂世訳『日本占領と法制改革』（日本評論社、1990年）214頁参照。
17) 田中・「過料小論」636頁。

から指摘されている。立入調査の拒否・妨害・忌避に関する罰則について、通例、法律では刑罰である罰金刑が採られているが、空家対策特措法14条2項は過料20万円を定めている。これは、現代において刑罰と過料の境目が極めて曖昧なものとなっていることを示している。

　空家対策特措法16条のように、行政代執行の費用負担問題が根底にある場合、行政代執行費用の確保もままならない状況下で、国庫に入る「法律で定められた過料」制度は市町村にとって迷惑このうえない。金銭罰を科する意義の一つが損なわれる。金銭罰の特性を踏まえたうえで、なぜ過料を科するのか、その意味を問うべきであろう。

II　強制と制裁の交錯——昭和24年労働組合法改正

1　処罰に対するGHQの考え方

　処罰と行政上の強制執行は、行政上の義務違反に対するものであり、田中二郎は両者を「相互に密接な」関係にあるという[19]。しかし、「相互に密接な」という表現以外にその関係をどう表せるだろうか。義務違反に対してどちらが優位して行われるべきか、あるいは義務違反に対して処罰の手続をとることが必須か否か、という議論は行政法学において見られない。戦後、強制手段が限定された状況で、制裁手段である「行政罰」が強制の一端をも担うことが説明されるに過ぎない。

　田中二郎は、戦前においては行政執行法（明治33年法律第84号）が存することによって、「行政上のどのような義務の不履行に対しても、適切な強制手段をとることができたし、また、直接、行政上必要な状態を実現するための即時強制の措置としても、適切な措置をとることができた」「行政罰を科するのは、よくよくの場合で、これは、むしろ、第二義的もしくは補充的に考えておけばよ

---

18)　田中・「過料小論」634頁、川口公隆『簡易裁判所の取扱う過料の諸問題』司法研究報告書第17輯第4号（司法裁判所、1967年）2頁。
19)　田中・『行政法講義　上』282頁。

いという考え方をしていた[20]」という。あらゆる場合に強制のための手段をとることが可能であれば、行政目的を達したうえで重ねて処罰をも必要とする場合とは、義務違反の悪質なケースということであろう。行政上の義務の不履行に対して処罰が必須であるという考え方が、戦前には無かったのである。

　これに対して、戦後、行政執行法は廃止され、廃止同日に行政代執行法が制定された。日本国憲法の下で基本的人権の尊重のために、強制力の行使は必要な最小限にとどまらなければならないと考えられるようになった。田中二郎は考え方の変化として「かりにそういう行政措置をとることを認める必要があるとしても、できるだけ客観公正を保ち得るよう、その発動をチェックすることを考えなければならないという考え方をとるとともに、従来、第二義的・補充的な意味をもつに止まっていた行政罰を広く規定し、これに行政強制に代わる役割を期待することになった[21]」という。

　田中二郎の説明の仕方では、「行政強制に代わる役割」を期待されるようになったのは強制執行の手段が限定されたためであって、決して積極的に「行政罰」を行政上の義務履行確保のための手段として位置付けているということではない。田中二郎が積極的に評価していると思われるのは、「行政罰は、結局は、裁判所の判断によって、これを科するものであり、その乱用の惧れがきわめて少ないこと[22]」である。

　田中二郎は、地方自治法14条をめぐりGHQ側が条例違反に対して条例に刑罰を定めることを可能とすることを求めてきた際に、「条例というものは議会が議決してその地方で施行する、しかしそれが地方的に独断に陥ることのないように、これは当然検事が公訴を提起して裁判所が裁判するから乱用されるおそれはない、だれもが信頼する裁判所が裁判するのだから、それは違憲とか乱用とかいう問題はおきない」とGHQチルトン中佐が主張したと回想する。[23] 刑

---

20)　田中・『行政法講義　上』282頁以下。
21)　田中・『行政法講義　上』283頁。
22)　田中・『行政法講義　上』283頁。
23)　『戦後自治史　第7』(自治省自治大学校、1965年) 57頁、『地方自治の回顧と展望　自治論集Ⅳ』(地方自治研究会、1958年) 56頁。

罰を用いることは検察、裁判所が関与するということであり、それによって公正さが担保され、権限乱用の恐れがない、という考え方は、地方自治法の問題に限るものではなく、処罰に関してGHQが示した基本的な考え方であると思われる。

2 強制と制裁の要素

　処罰に関するGHQの考え方は明確であるが、他方、行政上の強制執行に関するGHQの方針を見出すことは難しい。行政代執行法（昭和23年法律第43号）により強制執行の基本とされた代執行は、戦前の行政執行法5条を踏襲したものだからである[24]。

　強制と制裁に関する占領期のGHQの方針について、特に定まったものがあったとは言い難い。具体例を挙げれば、昭和20年（1945年）に制定された労働組合法はGHQの強い関与の下で行われた立法であるが、制定後3か年のうちに罰則に関する考え方が大きく変わってゆく様子がある。

　労働組合法（昭和20年法律第51号。以下、昭和20年労働組合法という）は、昭和20年（1945年）秋に幣原内閣総理大臣に対するマッカーサー元帥の示唆に基づき、労務法制審議会において立案され、同年末、第89回帝国議会に提出され可決・成立、12月22日公布、翌年3月1日から施行された。当初、昭和20年労働組合法第五章罰則（33条～37条）は、届出や名簿の備付、登記などの手続的義務違反について労働組合の代表者または清算人に対して50円以下の過料を科する37条を除いて、罰則として用いられていたのは33条6月以下の禁固または500円以下の罰金、34条1000円以下の罰金、35条500円以下の罰金という、刑罰が主なものであった。

　昭和24年（1949年）6月、昭和20年労働組合法は「GHQ労働課の強力な指導と援助の下」に全改正された（昭和24年法律第174号。以下、昭和24年労働組合法という）[25]。昭和24年労働組合法第五章罰則32条には、「我國法體系上他に類例のな

---

24) 須藤陽子『行政強制と行政調査』（法律文化社、2014年）。
25) 労働省労働法規課編著『改正労働組合法の解説』（労務行政研究所、1949年）12頁。

い」と評される画期的な、執行罰によく似た行政罰としての過料の仕組みが導入された。この仕組みは現行労働組合法に現存する。

昭和24年労働組合法　第五章　罰則
第二十八條　前條の規定による労働委員会の命令の全部又は一部が確定判決によって支持された場合において、その違反があつたときは、その行爲をした者は、一年以下の禁こ若しくは十万円以下の罰金に処し、又はこれを併科する。
第二十九條　第二十三條の規定に違反した者は、一年以下の懲役又は三万円以下の罰金に処する。
第三十條　第二十二條の規定に違反して報告をせず、若しくは虚僞の報告をし、若しくは帳簿書類の提出をせず、又は同條の規定に違反して出頭をせず、若しくは同條の規定による檢査を拒み、妨げ、若しくは忌避した者は、三万円以下の罰金に処する。
第三十一條　法人又は人の代理人、同居者、雇人その他の従業者がその法人又は人の業務に関し前條前段の違反行爲をしたときは、その法人又は人は、自己の指揮に出たのでないことの故をもつてその処罰を免れることができない。
2　前條前段の規定は、その者が法人であるときは、理事、取締役その他の法人の業務を執行する役員に、未成年者又は禁治産者であるときは、その法定代理人に適用する。但し、営業に関して、成年者と同一の能力を有する未成年者については、この限りでない。
第三十二條　使用者が第二十七條第五項の規定による裁判所の命令に違反したときは、十万円（当該命令が作爲を命ずるものであるときは、その命令の不履行の日数一日につき十万円の割合で算定した金額）以下の過料に処する。同條第七項の規定により確定した労働委員会の命令に違反した場合も、同様とする。
第三十三條　法人である労働組合の清算人が第十二條で準用された民法の規定に違反して同法第八十四條の規定によつて罰せられるべき行爲をしたときは、その清算人は、同法同條に規定する過料と同一の範囲の額の過料に処する。
2　前項の規定は、法人である労働組合の代表者が第十一條第二項の規定に基いて発する政令で定められた登記事項の変更の登記をすることを怠つた場合において、その代表者につき準用する。

労働省労働法規課編『改正労働組合法の解説』によれば、32条は不当労働行為に関する過料を規定したものである。「使用者が27条4項の規定により訴訟を起こした場合に同条5項の規定によって労働委員会の申立てに基づく裁判所の命令が出たときは、この裁判所の命令に対する違反行為に対しては、使用者

は過料が科せられる。過料の額は、その命令がたとえば「労働者を復職させよ」というような作為を命ずる命令であるときは、使用者がその命令を履行しない限り、その履行しなかった日の日数を10万円に乗じた額、すなわち1週間経過後に漸く履行したときは70万円まで科することができ」、不作為を命じた命令の場合にも同様である。

　28条も不当労働行為に対する罰則を定めたものであるが、28条の場合、労働委員会の命令がいったん裁判所の正式の裁判手続を経て、審査確定したものであってその論理性も十分担保されているので刑罰を科すこととし、32条の場合、使用者が争わなかったというのみで、裁判所の審査を経ない行政機関たる労働委員会の命令に対する違反に対して直接に科する罰であるので行政罰とした、使用者に対して実際上に強制力あらしめるために高額のものとした、と説明される[26]。

　32条の過料は、「労働者保護の法の趣旨を実効あらしめるために今回はじめて設けられる制度で、我國法體系上他に類例のないもの[27]」であった。昭和24年労働組合法案が審議された第5回国会衆議院労働委員会では、第五章罰則に規定された刑罰と過料に関する質疑が見られる。同じく不当労働行為であり、同種の性質を持っている行為に対して28条刑罰、32条過料とする理由が問われている。

　政府委員は、28条も32条も不当労働行為そのものを処罰する趣旨ではなく、委員会の命令や、裁判所の命令、あるいは裁判というものに違反した者を処罰するもの、「どちらかといえば、いわゆる裁判所侮辱の制裁」という本質のものであり、過料のみにしなかったのは、独占禁止法の公正取引委員会の審決に対して刑罰をもって履行を強制している例もあり、事案の重いものについては刑罰をもって臨むという答え方をしている。

　しかしながら、「軽い」「重い」という議論は、罰則が刑罰か否かという視点のみでは足りない旨が議員から指摘されている。罰金も過料も、財産的な罰、

---

[26]　前掲注（25）107頁以下参照。
[27]　前掲注（25）108頁。

第4章　占領期以降の「行政処罰と行政強制」

すなわち金銭罰という点から見れば金額の多寡が軽重の決め手となるのであり、32条のように1日に10万円ずつ積み重なっていく過料の仕組みは、社会的、常識的に見ればこちらのほうが重い、というものであった。政府委員は、刑罰と過料は別個のもの、必ずしも金額によって比較さるべきものではない、と繰り返すのみである。

最も興味深いのは、強制か制裁か、という32条過料の性質をめぐるやり取りである。32条の過料が履行を強制するためにあるのではないのか、一つの強制執行の方法としての間接強制ではないのかと議員が問えば、政府委員は、履行を強制する民事訴訟法の間接強制の考え方を採用しているが、あくまで「罰」であると答えている。32条が「我國法體系上他に類例のないもの」と評されたのは、過料に強制と制裁の両機能を併せ持たせ、行政上の強制の要素が行政権によって図られるものではなく、裁判所の関与によって実現されるとしたことであろう。

3　小　括

行政目的を達成するうえで、強制と制裁は相互に密接な関係にある。ただし、その関係の在り方は、時代によって異なる。人権侵害を引き起こした強力な根拠法であった行政執行法があった戦前は、行政上の義務違反に対して制裁の手段を行使するまでもなく行政目的は達成されたから、制裁の必要性を議論する意義に乏しかったであろう。

---

28)　第5回国会衆議院労働委員会昭和24年5月6日議事録参照。
29)　労働組合法32条は、いわゆる緊急命令違反に対する過料を定めたものであるが、頑強に命令の履行を拒む経営者が問題とされた事例がある。「緊急命令は完全に無視され、その不履行に対して過料の決定を受けることこと2回に及ぶも頑として命令に従おうとしないという珍しい事件であった。」「この事件によって考えさせられることは、過料の決定に対しては即時抗告が許され、即時抗告によって執行が妨げられるので（非訟事件手続法207条3項）、このような使用者が実際に過料を執行されるのは相当遅延し、捨身の使用者にあっては緊急命令の強行は非常に困難になるという点である。」「緊急命令違反に過料は効果ありや──頑強に履行を拒む朝日硝子の事例」労政時報1234号（1953年）2頁。

戦後、強制と制裁の関係は、行政執行法の廃止・行政代執行法の制定により、大きく変化した。強制の手段が著しく不足することになったからである。代執行が行政上の義務履行確保の基本的手段とされ（行政代執行法昭和23年法律第43号）、執行罰は砂防法にのみ残り、直接強制は個別法に規定された場合に許容される考え方がとられた。強制と制裁の関係は変わり、強制の手段の不足を制裁の手段が補うことを期待されるようになった。戦後の法整備は、義務違反に対し、制裁としての罰を科することにして、罰則を整備する傾向にあると指摘される。いわゆる間接強制である。

　田中二郎は、昭和40年（1965年）の時点で、このような間接強制によって義務の履行を強制しようとする方針に疑問を示している。これは「行政権自身の判断で行う行政強制の手段を厳重に抑制することにしたことの反面として出てきた考え方であるが、政策的な面からすると、疑問の余地がないわけではない」[30]という。

　筆者は、現代の強制と制裁の在り方に疑問を抱き、前著『行政強制と行政調査』（法律文化社、2014年）においてわが国の戦後の強制に関する方針を論じ、そして本章では昭和24年労働組合法改正を素材にして、占領期における強制と制裁の交錯を考察した。制裁に関するGHQの基本的な考え方は、刑罰を用いて検察、裁判所を関与させることによって公正さを得ようとするものであったが、現実には戦後のわが国行政実務において、行政上の義務違反に対して、強制の意味でも、制裁の意味でも、刑罰は機能しなかったのである。

　刑罰を用いること、検察、裁判所を関与させることを公正さの証しとする占領期のGHQの基本的な考え方は、ある意味で明確ではあるが、現代から見れば、行政上の義務違反に対して刑罰を機能させるには「それでは足りない」と思わせるものがある。

　第一に、行政上の義務違反に対する強制と制裁の関係が不明である。行政上の義務違反に対して、処罰をすることが必要であるという前提が形成されていない。「どのような場合に」処罰を必要とするかを個別に判断しなければなら

30）　田中・『行政法講義　上』300頁。

ないから、行政にとって、とりわけ地方自治体にとって対応が難しい。

　第二に、警察の捜査の端緒が不明である。占領期の警察権の分散により、取締り権限は警察機関から一般行政機関へ移行した。公訴提起には警察の捜査が必要であるが、一般行政機関が警察の捜査の端緒にどう関係するかが論じられることがない。それは、行政法学における行政調査論の未発達さを示すものであろう。

　行政上の強制手段が限定されたことによって処罰に「強制」の役割が期待されるようになったとしても、警察機関に一般行政機関が行うべき「強制」の役割を担わせることはできない。警察機関が担うのは強制ではなく、あくまで処罰に至る過程の一端である。強制と制裁は「相互に密接な関係」にあるだけに、行政機関間の関係も含めて、行政上の義務違反に対する強制と制裁の関係が議論されるべきであろう。[31]

III　「過料」の分類論

1　田中二郎の「秩序罰」

1　美濃部達吉「秩序罰」三区分の影響

　美濃部達吉は、昭和9年『法律学辞典　第一巻』(以下、昭和9年『法律学辞典』という)および昭和11年 (1936年) 初版『日本行政法　上巻』(以下、昭和11年『日本行政法』という) において、「秩序罰」を三区分した。美濃部は、過料を昭和9年『法律学辞典』では「科罰原因」の観点から分けたが、昭和11年『日本行政法』においては「目的」の観点から分けた。1) 私法的秩序の維持のためにする国家の命令又は禁止の違反に対する処罰である民事上の秩序罰、2) 訴訟手続上の秩序維持のためにする訴訟法上の秩序罰、3) 行政上の秩序を維持するがためにする行政上の秩序罰に区分し、行政罰としての秩序罰はもっぱら行政上の秩序罰であるという。[32]

---

31)　荻野徹「新しい「警察法理論」への実務の期待[第17回行政法研究フォーラム——行政法理論と実務の対話(1)]」自治研究93巻12号 (2017年) 16頁以下参照。
32)　美濃部達吉『日本行政法　上巻』(有斐閣、1936年初版) 328頁参照。

戦後の田中二郎『行政法総論』は、美濃部の「秩序罰」三区分を引き継ぎつつ、新たな観点を加えて、秩序罰としての過料を、1）民事上・訴訟上の秩序罰たる過料、2）通常の行政上の秩序罰たる過料、3）地方公共団体の科する行政上の秩序罰たる過料、という三つに区分し直した[33]。つまり、「科罰原因」と「目的」という美濃部が示した観点の他に「過料を科する形式」という観点を加えたうえで、民事上の秩序罰と訴訟上の秩序罰を一緒に括ってしまったのである。

2　田中説の問題点

　美濃部のいう民事上の秩序罰は「私法的秩序の維持」のためのものであり、「私法的秩序」とは何かということが問題となる。民事上の秩序罰に関する田中二郎の考え方の特色は、戸籍法と住民基本台帳法を区別する点に顕著に現れる。戸籍法120条（現行法135条「正当な理由がなくて期間内にすべき届出又は申請をしない者は、五万円以下の過料に処する。」）を民事上の秩序罰に分類し、他方で、住民基本台帳法上の秩序罰を行政上の秩序罰とする。戸籍法上の過料は、その処罰の原因となる行為が公法上の義務違反であり公益に関することにおいては他の秩序罰と同じであるが、ただ法律がその義務を命じているのは、私人相互間における私法関係の秩序を保持することを直接の目的とするから、この点において他の秩序罰と区別されるという。

　美濃部が「秩序罰」の三区分を示し、田中二郎もこれを踏襲したことによって、「秩序罰」の区分の問題にとどまらず、現代において「行政罰」と「秩序罰」の関係が非常に分かり難いものとなっている。現代行政法学において「行政上の秩序罰」とは、「行政上の秩序に障害を与える危険がある義務違反に対して科される罰である」と定義されるが、これは「秩序罰」より狭い。「民事上の秩序罰」は「行政罰」ではないのだろうか。田中二郎の分類に従えば戸籍法上の過料は「行政上の秩序罰」には属さないことになるが、田中二郎の分類法は、今もなお学界において支持されているのだろうか。そういった議論は、現代には見られない。時間が田中二郎の『行政法総論』の時点で止まったかのようで

---

33)　田中・『行政法総論』423頁、田中・『行政法講義　上』309頁。

ある。

　田中二郎は、民事上・訴訟上の秩序罰たる過料は「行政上の秩序罰とその性質において差異はない」[34]という。差異がないのであれば、何のために区分する必要があるのだろうか。区分する意義、区分の標準が失われていないだろうか。

2　過料分類論の視点
1　性質による分類と手続による分類

　過料の分類は、現代では論じられる機会自体が少ない。現代の行政法教科書は、過料制度一般、過料の分類について言及することなく、過料を行政罰の一種である秩序罰、執行罰に用いられるものとして説明する。現代にあっても引用されるのは、二人の裁判官が著した川口公隆『簡易裁判所の取扱う過料の諸問題』(1967年)、上田豊三「過料の裁判」(1969年)[35]であり、既に十分に古い文献である。二人の裁判官の論考は、田中二郎『行政法総論』(1957年)に出てくる過料の分類法および例示をベースとして執筆されている。

　川口裁判官は、過料をその性質により、1) 懲戒罰としての過料、2) 執行罰としての過料、3) 秩序罰としての過料、4) 地方公共団体の条例および規則における過料、5) 法廷の秩序維持に関する法律における過料という五種に分け[36]、さらに秩序罰としての過料を①「私法的秩序を維持するがためにする命令または禁止に違反したことに対する制裁としての過料」、②「訴訟手続に関する秩序を維持するがためにする命令または禁止に違反したことに対する制裁としての過料」、③「行政上の目的のためにする命令または禁止に違反したことに対する制裁としての過料」、という三種に分ける[37]。

　「私法的秩序を維持するがためにする命令または禁止に違反したことに対す

---

34)　田中・『行政法総論』423頁。
35)　上田豊三「過料の裁判」鈴木忠一・三ケ月章編『実務民事訴訟講座第7巻』(日本評論社、1969年)。
36)　川口・前掲注 (18) 2 頁以下。
37)　川口・前掲注 (18) 4 頁以下。

る制裁としての過料」について、民法84条、1005条、商法18条、22条、498条、小切手法71条、有限会社法85条、86条、戸籍法120条等をその典型例として挙げている。戸籍法上の過料は、その処罰の原因となる行為が公法上の義務違反であり公益に関することにおいては他の秩序罰と同じであるが、ただ法律がその義務を命じているのは、私人相互間における私法関係の秩序を保持することを直接の目的とするから、この点において他の秩序罰と区別されるという[38]。過料とは義務違反に対する制裁であるが、義務の性質によってこれを分けるにとどまらず、義務違反が生じるその法律関係に着眼する点に分類論の特色がある。

上田裁判官は、懲戒罰としての過料、執行罰としての過料、秩序罰としての過料に大別し、さらに秩序罰としての過料を、1) 私法上の秩序罰としての過料、2) 訴訟上の秩序罰としての過料、3) 行政上の秩序罰としての過料に分類する。そして、3) 行政上の秩序罰としての過料を、賦課徴収手続により、①非訟事件手続法によるもの、②地方自治法によるものに分ける[39]。

昭和20年代から昭和40年代にかけて形成された過料の分類方法は、地方自治法に基づき科される過料を「過料」の一例として扱うが、それは性質から分ける視点と賦課手続により分ける視点を混在させたものである。

2 裁判所が科する過料と長の科する過料

従来、過料の分類論において、地方自治法に基づく過料は例外として位置付けられていた。地方自治法に基づく過料は、地方自治法の定める手続の中で完結し、裁判所が科する他の過料と比して異質だからである。田中二郎は「秩序罰としての過料も一種の罰であるから、憲法の趣旨からいって、法律の根拠のある場合に限り、法律の定める手続により、裁判所において科するのが原則でなければならぬ。」と述べる[40]。地方自治法が過料の強制徴収を可能とすることを「実質的な考慮」であるといい、それによって「スッキリした筋の通った制

---

38) 川口・前掲注 (18) 4 頁以下参照。
39) 上田・前掲注 (35)。
40) 田中・『行政法総論 上』425頁。

度とはいえない⁴¹⁾」と評価する。

　従来の「過料」研究は、もっぱら非訟事件手続法の定める手続に従って裁判所が科す過料に関心を寄せたものである。それは、平成11年（1999年）地方分権改革前の研究であり、すなわち、平成11年地方自治法改正により地方自治法14条3項に「5万円以下の過料」が挿入される以前の問題関心を映し出している。現代において「過料」研究を試みる場合、地方自治法14条3項に罰則として「5万円以下の過料」が規定されたことによって、過料が刑罰代替的に用いられる傾向を取り込んだものでなければならない。

　地方自治法に基づき科される過料について、従来の研究は、長の行政処分として科する手続という共通点のみを捉えて、地方自治法における各条過料の成立ちの違い、その目的、性質の違いを論じることがない。立法史を紐解けば、地方自治法における過料は、戦前の市制町村制の規定をほぼそのまま受け継いだもの（228条）、GHQとの地方自治における「罰則」に関するやり取りを経て新たに規定されたもの（15条2項）、平成11年地方分権改革により新たに導入されたもの（14条3項）、という三種がある。

　地方自治法研究の側面から見ても、平成11年地方分権改革以前の自治立法権をめぐる研究といえば条例制定権の限界論に偏重し、長の規則制定権は研究の関心から外れたところにあった。これは、地方自治法における過料をめぐる研究が乏しいことを意味するのみならず、条例と規則の関係に関する研究が乏しいことを意味している⁴²⁾。長の科する行政処分という形式にのみ着目するのではなく、地方自治法における各条過料の目的、性質を明らかにする必要がある。

結　び

　田中二郎が「過料小論」以降に多くの行政法教科書に著した過料の分類論、過料と刑罰との対比は、過料に関する統一的な法令の整備を意識した、そのた

---

41)　田中・『行政法講義　上』312頁。
42)　須藤陽子「5．自治体の立法権と国の法令」小早川光郎編著『地方分権と自治体法務　その知恵と力』（ぎょうせい、2000年）149頁。

めの議論であったのかもしれないが、現実には法令の整備が全く進まなかった。[43] 法令の整備が全く進まないまま、他方で、田中二郎が打ち立てた「行政罰」と「秩序罰」、過料の分類論は学界において確立し、長い間、過料の性質に関する新たな議論の展開は生まれなかった。実態と学問の「ズレ」が研究上の蓄積を阻んだのではないだろうか。

「過料小論」は過料制度の存続を主張するのみならず、実定法に規定される多様な過料のうち、刑事犯罪と見るべき行為があることを指摘し、見直すべきであると主張している。地方自治体の長の行政処分によって科される地方自治法223条（現行228条）の分担金や使用料の逋脱に関する過料を、むしろ刑事犯罪の一種として見るべき行為であって、罰金・科料等の刑罰に改めるべきであるという。

しかし、このような見直しは実現しなかった。地方自治法223条（現行228条）の過料は、地方自治体の長により行政処分の形式で科される制度として存続し、行政手続的保障も十分なものではない。そして、地方自治法223条（現行228条）の過料は現代では行政上の「秩序罰」に区分されるのであるが、かかる範疇ではその特性を表現し難いのである。

現代行政法学は、「秩序罰」という範疇を用いる意味、「秩序罰」を区分することの意義、「行政罰」と「秩序罰」の関係を問い直すべきである。[44]

---

43) 田中・『行政法講義　上』309頁以下参照。過料制度の不統一問題が認識されながら議論されず、個別的な過料額を引き上げる法改正が行われてきている状況について、小島和夫「過料制度——秩序罰を中心とした検討」立法と調査1979年6月号51頁以下参照。

44) 民事上の秩序罰という範疇を設けたことによって、かつて行政法学において論じられていたものが行政法学では扱われなくなった。行政法学の守備範囲外とすることによって、法律学において「過料」論一般を論じるフィールドが失われたのではないだろうか。
　たとえば、現行戸籍法135条には「正当な理由がなくて期間内にすべき届出又は申請をしない者は、五万円以下の過料に処する」とある。近年、この条文にある「正当な理由がなくて」という事由の解釈について、配偶者間暴力から逃れるために出生届を出さなかったことがこれに該当するか否かが問題となった。戸籍法135条の届出義務の問題は、行政上の義務の問題としても論じるべきではなかったか。

第5章

地方自治法制と過料

I　GHQの方針と転換

1　昭和22年4月17日地方自治法（昭和22年法律第67号）における罰則規定
　　　──法14条、法15条、法223条（現行法228条）

　現行地方自治法の過料は、14条、15条、228条に見られるが、戦前の市制町村制に由来するもの、昭和22年（1947年）に規定されたもの、平成11年地方分権改革によって規定されたものと、各条の過料の由来は異なるものである。

　地方自治法（以下、法という）は、日本国憲法第八章が保障した「地方自治」の在り方を定める基本法である。昭和22年4月17日制定・公布され、日本国憲法施行と同日に施行された。地方自治法は現代に至るまで幾度も大改正を経てきた法律であるが、制定・施行された当初の改正の動きは特に激しく、施行された8か月後に既に第一次改正が行われ、昭和23年（1948年）には第六次改正が行われている。

　法223条（現行法228条）の過料は、戦前の市制町村制から地方自治法に引き継がれた罰則であり、戦前には財政罰と称された過料である。昭和22年制定当初の法14条および法15条には、まだ過料の規定は見られない。地方自治法が昭和22年4月17日に制定・公布された当初（以下、昭和22年4月17日地方自治法という）、法14条および法15条は、次のように定められていたが、その規定ぶりは

99

現代の条文からかけ離れたものであった（下線は筆者）。

> 第十四條（現行14条）　普通地方公共團体は、法律の範囲内において、その事務に関し、條例を制定することができる。
> 　法律又は政令により都道府縣に属する國の事務に関する都道府縣の條例に違反した者に対しては、法律の定めるところにより、これに刑罰を科することがあるものとする。

> 第十五條（現行15条）　普通地方公共團体の長は、法律の範囲内において、その権限に属する事務に関し、規則を制定することができる。
> 　前條第２項の規定は、前項の規則にこれを準用する。

> 第二百二十三條（現行228条）　分担金、使用料及び手数料に関する事項については、條例でこれを規定しなければならない。
> 　詐僞その他不正の行爲に因り、分担金、使用料又は手数料の徴収を免れた者については、條例でその徴収を免れた金額の五倍に相当する金額以下の過料を科する規定を設けることができる。
> 　前項に定めるものを除く外、分担金、使用料及び手数料の徴収に関しては、條例で二千圓以下の過料を科する規定を設けることができる。

　制定当初の地方自治法では、条例制定の余地が極端に狭められている。条例制定の必要性が認識されていなかったのである。そして、国家が科する刑罰を地方自治に導入したことが画期的なことであるとされた。
　鈴木俊一政府委員は、次のように説明する。条例は団体の事務、規則は長の権限に属する事務に区分したものであり、法14条２項および法15条２項に「刑罰を科することがあるものとする」というのは、「今後警察の一部が府縣に移譲になりますとか、其の他府縣の事務の拡充に伴いまして、矢張り従来の如く條例違反の行爲に対しては一切國家として刑罰を科するということがないと致しますと、國政事務の処理に遺憾を来す点があると考えられますので、特に「刑罰を科することがあるものとする」と云ふことの原則を明らかに致しました。尤も是は斯様に致しましても、條例自身に刑罰を設けると云ふのではございませぬので」と述べる。個別法の定めがあって、それに関する府県の条例に違反したら刑罰に処するというものであり、規則についてもその点は同様であ

るという。[1]

2　昭和22年12月12日地方自治法（昭和22年法律第169号）第一次改正
　　——法14条と刑罰、法15条と過料

　昭和22年４月17日地方自治法は、その使い勝手の悪さに、早くも同年12月12日に第一次改正が施された（以下、昭和22年12月12日地方自治法という）。地方公共団体の事務の範囲が拡大され、条例を制定し得る事務の範囲が著しく拡大されたことにより、条例の実効性を保障するために、条例自体にその違反行為に対する罰則を規定する必要に迫られた。[2] 法14条と法15条の改正は、GHQが地方からの意見に後押しされたものであったとされる。[3] 戦前に比して、ある意味で、地域的な規範の定立および執行が不自由になっていたからである。

　昭和22年12月12日地方自治法により法２条の改正が行われ、地方公共団体は、固有事務及び委任事務の外に、「その区域内におけるその他の行政事務で國の事務に属しないものを処理する」こととなった。ここでいう行政事務とは、戦前には都道府県知事等の権限として包括的に委任されていた警察行政事務がその主要なものである。戦前に警察行政事務は地方令によって定められ、執行されていたが、戦後は条例の形式で定められることとなったのである。

1）　第92回帝国議会貴族院地方自治法特別委員会議事速記録第１号昭和22年（1947年）３月23日３頁。

2）　田中二郎「地方自治法の変遷——地方自治法をめぐる諸問題」法律時報21巻７号（1949年）４頁以下参照。田中二郎は新憲法の確定前の地方制度の改正を第一次改正と呼ぶため、他の論者と改正回数の数え方が異なる。

3）　GHQのチルトン中佐が条例違反に対する包括的な刑事罰規定を置くことを強硬に主張したことについて、田中二郎は次のように述懐する。「あのときはとても強硬にがんばつた人ですが、その原因はやはり地方から出たものらしいのです。自分の方から思いついてやつたというよりは、地方からの意見に従つてああいう改正をする気になつたんじゃないかと思います。」『地方自治の回顧と展望　自治論集Ⅸ』（地方自治研究会、1958年）56頁。『地方自治の回顧と展望』には「地方からの意見」とあるが、『戦後自治史　第７』（自治省自治大学校、1965年）60頁には、「一体どういう必要があって条例に罰則をつけるのかと聞きましたら、それはある人からの忠告によるものだといっていました。」とある。

地方令の根拠は「閣令省令廳令府縣令及警察令ニ關スル罰則ノ件」(明治23年勅令第208号。明治41年勅令第245号によって改正)「第二條　地方長官及警視總監ハ其ノ發スル所ノ命令ニ五十圓以内ノ罰金若ハ科料又ハ拘留ノ罰則ヲ附スルコトヲ得」であった。明治23年勅令第208号に基づき、罰金、科料、拘留の刑罰を付すことができたのであり、地方令制度が廃止され、新たに地方自治法が制定されたことにより、取り締まる側にとって、かえって不自由になってしまったのである。

　地方令が定めていた事項を条例事項とすることは、国の事務を地方公共団体の事務とすることであって、地方自治の拡大を意味するが、それと同時に、地方令のもう一つの側面である「執行」にかかる権限面の手当てが必要であった。「執行」のために、罰則制定権限も付与する必要があったのである。

　『戦後自治史　第7』(自治省自治大学校、1965年)57頁によれば、第一次改正にあたり、政府原案は法14条および法15条について従来どおりとし、改正を行わないこととしていたが、衆議院の審議中に総司令部から「地方公共団体は、憲法又は法律(市町村の条例については、都道府県の条例を含む。)に違反しない限りにおいて、一般的に条例を制定することができるものとせよ。」という修正意見が出された。日本政府がこの要求を容れた修正案では、行政事務に関する地方公共団体の条例に違反した者に対して、都道府県にあっては5千円以下、市町村にあっては2千円以下の過料を科することができるものとすることとしていた。この修正案に対して、GHQチルトン中佐から、刑罰を科するものとするようにと命ぜられたのである。

　結果的に、「刑罰を科することがあるものとする」と定めていた法14条と法15条は、法14条には刑罰、法15条には過料、という罰則に分かれた。それはGHQの罰則観を映し出し、そして地方自治法には明文化されていない条例と規則の関係を表している。

　刑罰を罰則として採用しようとするGHQの考え方は、裁判所が関与するという点に重心がある。後に田中二郎は、GHQチルトン中佐が「条例というものは議会が議決してその地方で施行する、しかしそれが地方的に独断に陥ることのないように、これは当然検事が公訴を提起して裁判所が裁判するから乱用

されるおそれはない、だれもが信頼する裁判所が裁判するのだから、それは違憲とか乱用とかいう問題はおきない」といって強硬にがんばった様子を述懐する。回顧には、チルトン中佐、宮沢俊義、田中二郎の三者が宮沢邸でこの問題を話し合ったシーンも登場する。GHQが廃止しようとしたのは独立命令であり、宮沢俊義が「あんなにいっているのだ、仕方がないじゃないか、また確かに議会の議決を経るという点において普通の行政官庁の命令とは違う、一般の行政権の命令について厳重に制限するという趣旨は、地方議会の議決する条例に当てはまらないというのも確かに一つの理屈だよ、まあ仕方ないじゃないか」と田中二郎にいったという。

　では、規則についてはどうか。規則では過料が罰則とされたが、なぜ刑罰ではないのか。第一次改正をめぐる議論の中に、法15条の改正に関する言及はほとんどない。GHQの主要な関心は法14条の条例制定権にあったからである。法15条の改正は法14条を修正することとなったので「これとはずを合わせて、第15条も修正することとなつた」という。

　規則に罰則を付すことが認められたのは、長の権限に属する事務の執行を保障するためである。『逐条地方自治法提義』(良書普及会、1949年) 368頁によれば、規則をもって規定すべき事項が比較的軽微であること、規則が長の専権により議会等から何等の制約を受けることなく制定することができる点に鑑み、規則に対しては刑罰立法権が認められなかったという。すなわち、刑罰は議会が制定するものでなければならないが、過料は刑罰ではないから妥当とされたといえる。

II　財政罰としての過料

1　現行法228条過料の由来

　昭和22年4月17日地方自治法223条 (現行法228条) は、戦前から市制町村制に存する規定であり、財政罰と称された過料である。執行罰としての過料を除き、一般に、過料は「行政罰」の下で行政上の秩序罰として説明される現代行政法学において、現行法228条過料は田中二郎流の「秩序罰」の中に埋没してい

る状況にある。以下に本条の沿革をたどり、現行法228条過料の特質を追究する。

1　市制（明治21年法律第1号）91条（町村制　明治21年法律第1号　91条）

現行法228条のルーツは、明治21年（1888年）に制定された市制91条の規定に見出される。

> 市制九十一條　此法律ニ規定セル條項ヲ除クノ外使用料手數料（第八十九條）特別税（第九十條第一項第二）及從前ノ區町村費ニ關スル細則ハ市條例ヲ以テ之ヲ規定ス可シ其ノ條例ニハ科料一圓九十五錢以下ノ罰則ヲ設クルコトヲ得
> 　科料ニ處シ及之ヲ徴收スルハ市參事會之ヲ掌ル其處分ニ不服アル者ハ令狀交付後十四日以内ニ司法裁判所ニ出訴スルコトヲ得

この時代は「過料」ではなく、刑罰である「科料」が規定されている。市制に明文のあるものの外、土地・家屋・営造物使用料、市吏員の職務上に於いて一個人の為特に要する手数料、特別賦課徴収の細則、区町村費に関する細則は、市条例を定め、その条例には制裁を付することができた。この条文に規定された科料に対して不服がある場合には、司法裁判所に訴えることが認められていたが、ここでいう司法裁判所とは違警罪裁判所である。明治13年旧刑法下の「科料」は違警罪の主刑であったからである。

条例に科料の罰則を付することを認められたのは、課税にあたりその免脱をはかる者に対して制裁がないならば、到底課税の目的を達することができないと考えられたからである。

4）　(財)地方自治総合研究所監修『逐条解説地方自治法　Ⅴ』（敬文堂、2000年）474頁以下参照。以下、自治総研『逐条解説　Ⅴ』という。

5）　片貝正晋『市町村制正解』（博聞社、1888年）205頁以下参照。

6）　「命令シ規定スト雖モ之ガ制裁ナクシテハ其條例ハ死物ニシテ其効ヲ果ササル」蟻川堅治『市町村制講義』（同盟書館、1888年）132頁。「凡そ税を課せんとするに當り脱税を謀るゝのあるは免れざる所なるを以て若し之を罰する制裁なくんば到底課税の目的を達する能わず是れ此等収入に関する市町村條例に罰則を設くることを得さしむる所以なり」坪谷善四郎『市制町村制釈義』（博文館、1901年）181頁。

2　明治44年市制町村制改正　市制129条（町村制109条）

市制百二十九條　使用料手数料特別税ニ關スル事項ニ付テハ市條例ヲ以テ之ヲ規定スヘシ其ノ條例中ニハ五圓以下ノ過料ヲ科スル規定ヲ設クルコトヲ得
　財産又ハ營造物ノ使用ニ關シテハ市條例ヲ以テ五圓以下ノ過料ヲ科スル規定ヲ設クルコトヲ得
　過料ノ處分ヲ受ケタル者其ノ處分ニ不服アルトキハ府縣参事會ニ訴願シ其ノ裁決ニ不服アルトキハ行政裁判所ニ出訴スルコトヲ得
　前項ノ裁決ニ付テハ府縣知事又ハ市長ヨリモ訴訟ヲ提起スルコトヲ得

　明治44年（1911年）に市制は全部改正され（明治44年法律第68号）、市制129条2項に営造物利用に関する条文が規定された。1項が使用料、手数料、特別税について条例制定を要件としているのに対して、2項はあくまで営造物の使用方法に関するものであって、料金に関するものではない。

　129条1項の過料が財政罰に分類されるのに対して、2項に新たに設けられた「条例による過料」は、警察罰でも財政罰でもない性質のもの、純粋の「行政罰」であると説明されることがある。控除的な説明の仕方であるが、「行政罰」から警察罰と財政罰を差し引くと、僅かな純粋「行政罰」が残る。その僅かな純粋「行政罰」の例として挙げられるのが市制129条2項条例による過料、営造物に関する罰則である。[7]

　この改正により、罰則は「科料」から「過料」となった。[8] それは「科料ハ刑事上ノ制裁ナルカ故ニ之ヲ市町村行政ニ関スル事項中ニ規定スルハ其ノ當ヲ得タルモノニ非ス故ニ改正法ニ於イテハ之ヲ『過料』トシテ行政上ノ制裁ニ改メ

---

[7]　須藤陽子「美濃部達吉「行政罰」変遷の意義──明治期」立命館法学372号（2017年）42頁以下、同「「行政罰」と「秩序罰」の形成と定着──大正期・昭和前期」立命館法学373号（2017年）194頁以下。

[8]　府県制においては明治32年改正（明治32年法律第64号）により、使用料・手数料に関する細則を府県知事が定めること、細則に違反した者に「過料」の罰則を設けることができるようになった（第100条）。これは「科料」ではなく「過料」である。条例に根拠を置くのではなく、「府県会ノ議決ヲ経テ内務大臣ノ許可ヲ得テ」府県知事が定める細則に根拠を置くものである。自治総研『逐条解説　Ⅴ』・前掲注（4）482頁。

同時ニ其ノ金額ヲモ五圓以下ト改メタリ」と説明される。

条例違反に対して刑罰はふさわしくないという考え方があったことを読み取ることができるが、ふさわしくない理由が記されておらず、理由は判然としない。

3 大正15年市制町村制改正　市制129条（町村制109条）

この大正15年（1926年）市制町村制改正によって、詐欺その他の不正行為による市町村税等の逋脱行為に対しての重罰規定が創設され、法223条（現行法228条）の原型が出来上がったといえる（手数料に関する重罰規定はない）。

市制百二十九條　使用料手数料特別税ニ関スル事項ニ付テハ市條例ヲ以テ之ヲ規定スヘシ
　詐欺ソノ他ノ不正ノ行爲ニ依リ使用料ノ徴収ヲ免レ又ハ市税ヲ逋脱シタル者ニ付テハ市條例ヲ以テ其ノ徴収ヲ免レ又ハ逋脱シタル金額ノ三倍ニ相当スル金額（其ノ金額五圓未満ナルトキハ五圓）以下ノ過料ヲ科スル規定ヲ設クルコトヲ得
　前項ニ定ムルモノヲ除ク外使用料、手数料及市税ノ賦課徴収ニ關シテハ市條例ヲ以テ五圓以下ノ過料ヲ科スル規定ヲ設クルコトヲ得財産又ハ営造物ノ使用ニ關シ亦同シ
　過料ノ處分ヲ受ケタル者其ノ處分ニ不服アルトキハ府縣参事会ニ訴願シ其ノ裁決ニ不服アルトキハ行政裁判所ニ出訴スルコトヲ得
　前項ノ裁決ニ付テハ府縣知事又ハ市長ヨリモ訴訟ヲ提起スルコトヲ得

大正15年法律改正時の地方制度解説書によれば、この重罰規定は各種公営事業の発達に伴ったものであり、少額の過料では目的を達することができないことが強調されている。「不正の行爲に依り使用料の徴収を免れたる如き者は、悪性強くして、之に対する處罰僅に五圓以下の過料なるに於ては、到底その目的を達し得べきものでない。殊に税金額の大なるものに対しては、斯かる少額の財政罰は殆ど意味を爲さざるのみならず、使用料の如きも各種公営事業の発達に伴い、電気、水道、瓦斯、其の他の多額の使用料を徴収するに至るを以て、不正行爲によりその徴収を免れたる者に対しては、十分その不正をよう懲

9）　五十嵐鉱三郎『市制町村制逐条示達』（自治館、1912年）819頁。

するに足るべき財政罰を科し得るの方法を認めることが必要である」と説明される。[10]

昭和12年（1937年）に出版された市制町村制逐条解説によれば、市制129条2項、3項の「過料」は、「市町村の収入を確保し又は其の財産若は営造物の利用に関する秩序を維持するがために科する財産上の制裁であって、社会公共の秩序を保護するが爲に反社会的人格を罰することを主眼とした刑罰とは全く性質を異にする。」[11]

その行為の悪性に着目するならば、過料ではなく刑罰ということも考えられるであろう。しかし、不正行為により市町村が蒙った損害を補填する必要からすれば、市町村の判断で財政罰を科することのほうが、利が大きいといえる。

4　昭和15年市制町村制改正　市制129条（町村制109条）

昭和15年（1940年）の法改正により、特別税の規定が地方税法に移され、新たに分担金が規定された。そして、2項過料額の限度が免脱した額の3倍から5倍に引き上げられ、3項の過料額も5円から20円に引き上げられている。

> 市制百二十九條　使用料手數料及分擔金ニ關スル事項ニ付テハ市條例ヲ以テ之ヲ規定スヘシ
> 　詐欺ソノ他ノ不正ノ行爲ニ依リ使用料ノ徴収ヲ免レタル者ニ付テハ市條例ヲ以テ其ノ徴収ヲ免レタル金額ノ五倍ニ相當スル金額（其ノ金額十圓未満ナルトキハ十圓）以下ノ過料ヲ科スル規定ヲ設クルコトヲ得
> 　前條ニ定ムルモノヲ除ク外使用料、手數料及市分擔金ノ徴収ニ關シテハ市條例ヲ以テ二十圓以下ノ過料ヲ科スル規定ヲ設クルコトヲ得財產又ハ營造物ノ使用ニ關シ亦同シ

2　小括　地方自治法（昭和22年4月17日法律第67号）223条

昭和22年4月17日地方自治法223条、そして現行法228条は、条文の規定ぶりから、戦前の旧制度を引き継いだものであるといえる。

---

10)　挾間茂『改正地方制度解説』（良書普及会、1926年）595頁以下。第2項の過料がもっぱら直接に市町村の収入を減損する行為に対して科せられるのに対して、第3項前段の過料は主として収入を減損する虞れのある行為に対して科せられる。
11)　入江俊郎・古井喜実『逐条市町村制提義』（良書普及会、1937年）1639頁。

田中二郎は「過料小論」において、この条文の過料について「他の法律規定と対比してみて、むしろ刑事犯罰の一種とみるべき種類の行為に対する過料は、これを罰金・科料等の刑罰に改めること。」という意見を述べた。川口公隆の論稿中にも、詐欺その他の不正な行為により分担金・使用料・手数料を逋脱した場合に科する過料は、その行為の倫理的非難の要素は必ずしも微弱とはいえず、むしろ行政刑罰の性質を有するのではないかという指摘がある。[12]
　しかし、行為の悪質さは刑罰に相当するものであるとしても、この種の不正行為に対して罰金等の刑罰を科するならば、罰金は国庫に入ることになる。財政罰としての過料には、行為に対する罰則、事業の保護・市町村収入の確保、同種の行為をしようとする者に対する威嚇効果という複数の機能が備わっている。行為の悪質さ、倫理的非難の要素のみを見出して刑罰へ振り分けようとすることは、この場合には適当でないといえよう。

Ⅲ　平成11年地方分権改革——法244条の2第7項削除、法14条3項「過料」挿入

1　侵害留保原理と法15条2項過料事項の変化

　平成11年（1999年）地方自治法改正により、機関委任事務が廃止された。機関委任事務の存在・廃止は、条例制定権の範囲のみならず、規則制定の範囲・性質を大きく左右し、規則の実効性を担保する過料制定にも関わるものであった。機関委任事務について、条例制定権は及ばず、法15条規則の専権事項であったからである。罰則は法15条2項による過料のみであり、長の権限に機関委任事務が含まれていたことから、権利を制限し、義務を課する法規的性質を有する規則に過料が罰則として用いられることもあり得たのである。[13]
　新たに法14条2項に規定された侵害留保原理は、条例制定事項と規則制定事項を分けるのみならず、過料制定の範囲・性質にも影響を及ぼすこととなっ

---

12) 川口公隆『簡易裁判所の取扱う過料の諸問題』司法研究報告書第17輯第4号（司法研究所、1967年）11頁。
13) 須藤陽子「5．自治体の立法権と国の法令」小早川光郎編著『地方分権と自治体法務　その知恵と力』（ぎょうせい、2000年）149頁。

た。「普通地方公共団体は、義務を課し、又は権利を制限するには、法令に特別の定めがある場合を除くほか、条例によらなければならない。」と定めるが、法15条2項は、法14条2項中の「法令に特別の定めがある場合」に該当しないとされ、権利義務規制に関し規則で定めることができる場合として、法律または条例により委任がある場合、庁舎管理権等に基づき私人に対する行為制限が認められる場合が該当すると説明される。平成11年地方自治法改正により、長の規則制定権に基づく過料は、原則として形式的違反行為に限定されることが明確になったといえよう。

2　義務違反の程度の重視——法14条3項「過料」挿入

　平成11年地方自治法改正は、条例と過料の関係を大きく変えるものとなった。まず、市制町村制時代から過料事項とされていたものが削除された。公の施設の設置管理条例において「条例で5万円以下の過料を科する規定を設けることができる」とする旧法244条の2第7項の規定である。法14条3項（旧5項）に刑罰と並んで新たに過料を加えることになったため、「過料を科することができる」と特別に規定する意義が乏しくなったからである。法14条3項に過料が新たに規定されたのは、条例事項が拡大することに伴い、義務違反の程度によって設けるべき罰則の幅を広げる必要があるからであり、それは「比例原則の観点から」説明されるとする。

　かかる説明は、「義務違反の程度」と罰則の関係、違反行為と罰則との釣り合いに重心がある。しかしながら、前述した「過料小論」にあるように、占領期以降における刑罰と過料の関係、すなわち刑罰と過料を分ける考え方は、義務違反の「程度」の問題ではなく、義務違反の「質」の問題にあったはずである。ここにいたって、刑罰と過料の関係は、違反行為の質の問題ではなく、罰則の軽重の問題に変化してしまっている。

　条例に付する罰則として過料を導入した理由は、端的にいえば、罰則として

---

14)　地方自治制度研究会編『Q＆A　改正地方自治法のポイント』（ぎょうせい、1999年）53頁以下参照。
15)　前掲注 (14) 52頁以下参照。

刑罰が機能していなかったからである。なぜ刑罰が罰則として機能しないのか。一般的に、行政刑罰の機能不全として論じられる問題であるが、地方自治に固有の問題性も存する。各地の条例の中には、罰則規定の定め方が極めて不明確、曖昧なものが散見される。刑罰を科するには構成要件の定め方に問題があり、科罰手続に入ることが難しい。条例に罰則として刑罰を規定しても、地方自治体の担当部局側に告発するつもりがないのか、はたまた警察組織の側に問題があるのか、条例違反が刑事事件として立件されることは多くない。

　平成11年地方自治法改正以降、過料を刑罰代替的に用いようとする傾向が指摘される。条例違反に対して刑罰を現実に機能させようとすれば、起訴・裁判を視野に入れて慎重な手続が要請されるが、罰則として過料を用いる場合、行政処分であるから適用が容易である。さらに、罰することだけを目的とせず、過料を適用する前段階に「勧告」を置いて取締活動の実効性を高めようとする条例の作り方もある。平成11年地方自治法改正により挿入された法14条3項過料は、地方自治体の取締活動における創意工夫を引き出したといえる。

　しかし他方で、手続的権利を軽視するかのような過料徴収の運用が行われて

---

16) 強制手段としての行政刑罰の位置付けに疑問を投げかける、須藤陽子「終章「強制」をめぐる議論の展開可能性」同『行政強制と行政調査』(2014年、法律文化社) 177頁以下。

17) 市町村の立法能力に対する懸念は、昭和22年地方自治法制定時からあった。条例に対して包括的な罰則規定を認めるにあたり、GHQ側は地方にアドバイザーを置くこと、立法技術を心得たアドバイザーとしてアトーニーを各地方団体に置き、このアトーニーが同時に公訴を提起する役割を果たして、条例の実効性を保障することを考えてもいいのだと、提案していたという。田中二郎の発言、前掲注(3)・『地方自治の回顧と展望　自治論集Ⅸ』54頁以下。

18) 三浦大輔「コラム　過料と刑罰」人見剛・須藤陽子編著『ホーンブック　地方自治法　第3版』(北樹出版、2015年) 150頁。

19) 荻野徹「書評　立命館大学法学叢書第19号『行政強制と行政調査』」立命館法学359号 (2015年) 385頁参照。

20) 岩橋健定「分権時代の条例制定権——現状と課題」ジュリスト1396号 (2010年) 138頁以下参照。

21) 碓井光明「地方公共団体の科す過料に関する考察」明治大学法科大学院論集16号 (2015年) 63頁以下参照。

いる。法255条の3第1項は、「普通地方公共団体の長が過料の処分をしようとする場合においては、過料の処分を受ける者に対し、あらかじめその旨を告知するとともに、弁明の機会を与えなければならない。」と定めるが、東京都千代田区が路上喫煙禁止の違反者に対して現場で「告知と弁明」を行い、現場で過料を徴収する方式を導入して以降、同様の方式を導入した地方自治体が各地にある。これは「適正手続」の根幹に関わる問題である。

過料の科罰手続に関して、最高裁昭和41年12月27日大法廷決定は、「過料を科する作用がこれを科せられるべき者の意思に反して財産上の不利益を課するものであることにかんがみ、公正中立の立場で、慎重にこれを決せしめるため」、「過料の裁判をする前に当事者（過料に処せられるべき者）の陳述を聴くべきものとし、当事者に告知・弁解・防禦の機会を与えており（非訟207条2項）」、「過料の裁判は、理由を付した決定でこれをすることとし」（同条1項）、「これに不服のある者は即時抗告をすることができ、この抗告は過料の裁判の執行停止の効力を有するものとする（同条3項）など、違法・不当に過料に処せられることがないよう十分配慮しているのであるから、非訟事件手続法による過料の裁判は、もとより法律の定める適正な手続による裁判ということができ、それが憲法31条に違反するものでないことは明らかである。」[22]という。

最高裁昭和41年大法廷決定は、非訟事件手続法に基づく過料の裁判と適正手続の関係に関するものである。では、地方自治法における過料に適正手続が保障されるとは、どのような意味であろうか。法255条の3第1項は、最高裁昭和41年大法廷決定を受け、適正手続を保障するために地方自治法に導入された規定である。最高裁昭和41年大法廷決定からすれば、「過料の裁判をする前に当事者（過料に処せられるべき者）の陳述を聴く」、「当事者に告知・弁解・防禦の機会を与える」、「理由を付す」、不服を申し立てることができる、執行停止措置がある、ことが必要であると考えられる。

弁明の機会の付与は、形式的、機械的なものであってはならない。弁明の機会の付与は、単に過料処分を受けることについての意見を表明する機会を保障

---

[22] 最高裁昭和41年12月27日大法廷決定民集20巻10号2279頁。

する意味ではなく、自己に有利な証拠を提出し、処分内容に反証する機会を与えるものである。したがって、防御に必要な時間的余裕というものを前提とするであろう。

結び　科罰手続における弁明の形骸化

　田中二郎による過料の分類論以降、過料の性質に関する新たな議論の展開は生まれなかったが、過料の機能面での議論は生まれている。平成11年地方自治法改正により法14条3項に過料が規定され、刑罰代替的に用いられている傾向が指摘されている。この刑罰代替的な機能をどのように評価すべきか。規制の実効性の確保という側面から、ないしは規制する地方自治体の立場から、肯定的に評価する立場がある。

　しかしながら、この刑罰代替的な機能は、行政刑罰の機能不全の裏返しであり、極めて不純なものである。行政刑罰が機能不全に陥った原因を究明せずに、過料を刑罰代替的に用いるべきではない。また、地方自治体が過料を刑罰代替的に用いようとする傾向は、過料の科罰手続における弁明の形骸化を招きかねない。弁明の機会の付与は、適正手続の根幹に関わる問題である。形式的に弁明の機会を付与すれば足りるというものではない。

　過料を刑罰代替的に便利に用いながら、徴収手続を地方自治法の定めるものより簡易化しようとする傾向を看過すべきではない。それは1千円であるから許容されるというような、額の多寡の問題ではないであろう。

第6章

地方自治法15条規則と過料

I 規則の法規たる性質

1 規則の法規たる性質の論拠と平成11年地方自治法改正

　かつて、地方自治法（以下、法という）15条に基づき、地方公共団体の長が定める規則によって、住民の権利義務に関わる事項を定めることが可能であった。平成11年地方自治法改正により、法14条2項に「普通地方公共団体は、義務を課し、又は権利を制限するには、法令に特別の定めがある場合を除くほか、条例によらなければならない。」という規定が置かれ（いわゆる侵害留保原理）、これにより、原則として、長の規則で住民の権利義務に関わる事項を定めることができなくなった。かつて、何故に、規則で住民の権利義務に関わる事項を定めることが可能と解されていたのか。それは、規則の性質から当然に認められることであったのだろうか。本章の考察は、かかる疑問を出発点としている。

　規則の法規たる性質の論拠として、平成11年以前に公刊された論稿に見られるキーワードは「大統領制」である。北崎秀一は、規則の法規たる性質を規則の制定権者たる地方公共団体の長の地位から根拠づけ、「規則は、条例とは別個の法形式であり、国の場合における法律とその委任に基づく政令との関係と同様の関係にあるものではない。規則の制定権者たる地方公共団体の長は、大

統領制の原理に基づいて、直接住民により選挙され、直接に住民に対して責任を負う地位にあるからである。したがって、規則は、法令又は条例の委任がなくても、地方公共団体の住民の権利義務に関する法規たる性質を有するものを定めることができる。[1]」と述べる。

　平成11年（1999年）地方自治法改正を経て、学説は、従前の学説が唱えていた長の規則制定権と罰則制定権の正当化の根拠を維持しつつ、新たに地方自治法に挿入された法14条2項侵害留保原理に基づいて規則の法規たる性質について答える。

　亘理格は、小早川光郎編著『分権型社会を創る4　地方分権と自治体法務　その知恵と力』（ぎょうせい、2000年）において、法15条1項に基づく規則が住民の権利義務に関わる法規たる性質を有していたこと、同条2項が規則違反に対して過料を科すことを認めている根拠を、「規則は大統領型組織の下で公選により選ばれた知事または市町村長という住民代表機関が定める立法形式であるため、地方自治法はこれを、条例に準じる立法形式として位置づけているためであると解される。」という。これは、長の規則制定権を、二元的立法制と二元代表制を結び付けて理解していると思われる。

　そして平成11年地方自治法改正後の法15条1項に基づく規則は、「法律の根拠なしに『義務を課し、又は権利を制限する』内容の事務つまり侵害的性質の事務を（『行政事務』）を実施するには、条例の根拠規定を要する（14条2項）のであるから、法律もしくは条例の委任に基づかない規則のみでかかる侵害的な活動を行うことは許されない。[2]」とする。

　規則が「大統領型組織の下で公選により選ばれた知事または市町村長という住民代表機関が定める立法形式」であるならば、それ故に、法規たる性質を有する規則の制定権を長から奪うことは憲法違反になるのではないだろうか。

1）　北崎秀一「7　規則制定権の範囲と限界」猪野積編著『新地方自治法講座2　条例と規則（1）』（ぎょうせい、1997年）101頁。

2）　亘理格「第2章　自治体の権能とその法的枠組み　2．新制度のもとで自治体の立法権はどうなるか」小早川光郎編著『分権型社会を創る4　地方分権と自治体法務　その知恵と力』（ぎょうせい、2000年）92頁。

平成11年地方分権改革当時、憲法違反どころか、長から法規たる性質を有する規則の制定権を奪うことは、むしろ、歓迎すべきこととされていたと思われる。なぜなら、規則の法規たる性質は、法令による規則への委任や、長が「国の機関」とみなされる機関委任事務の領域でもっぱら発現され、それが「地方自治の本旨」の実現の障害として理解されていたからである。

　かつて規則によって住民の権利義務に直接影響を及ぼす事項を定立し得たのは、規則の性質から当然に認められることなのか、あるいは、機関委任事務制度に付随的に認められる効果であったのか。平成11年地方自治法改正前、それが区別されずに論じられていたと思われる。

2　規則の法規たる性質と地方令廃止の影響

　平成11年地方自治法改正は、侵害留保原理を法定し、条例制定が及ばなかった機関委任事務を廃止することによって、長の定める規則から法規たる性質を奪った。長から法規たる性質を有する規則の制定権を奪っても憲法違反にならないのは、法規たる性質が本来的に規則の性質というよりも、後述するように、昭和22年（1947年）4月17日地方自治法という法律が仕組んだ性質だからである。

　昭和22年4月17日地方自治法の寿命は短く、同年12月12日にはすでに改正されている（昭和22年12月12日地方自治法）。地方自治法制定に深く関与した当時の内務省地方局行政課長鈴木俊一は、内務事務官金丸三郎とともに昭和22年4月17日地方自治法の解説書『実例判例挿入　地方自治法講義』を公刊し（昭和22年10月25日発行）、その解説書において、規則に法規たる性質が認められた説明として、地方令廃止の影響に言及している[3]。

1　戦前の地方制度における条例と規則の性質

　明治憲法には地方自治を保障する条文がなかったが、地方団体に自治権が認められていなかったわけではない。戦前にも、自治権に基づいて定立する法規

3）　鈴木俊一・金丸三郎『実例判例挿入　地方自治法講義』（東光出版社、1947年）101頁参照。

たる性質を有する条例と行政規則たる性質を有する規則を制定する権限が地方団体にあることは、明治21年（1888年）市制町村制以来、認められていた。府県に条例と規則制定が認められたのはそれより遅く、昭和4年（1929年）府県制改正によってようやく法定された。

　市制町村制において、条例と規則の違いは明確であった。市制12条1項（町村制10条1項）は「市（町村）ハ市（町村）住民ノ權利義務又ハ市（町村）ノ事務ニ關シ市（町村）條例ヲ設クルコトヲ得」と定め、条例の法規たる性質ないしは条例事項が明確であったからである。規則については、同条2項（町村制10条2項）が「市（町村）ハ市（町村）ノ營造物ニ關シ市（町村）條例ヲ以テ規定スルモノノ外市（町村）規則を設クルコトヲ得」と定め、規則は営造物に関して用いられていた。

　他方、府県においては、府県制3条ノ2は「府縣ハ府縣條例ヲ設クルコトヲ得　府縣ハ府縣ノ營造物ニ關シ府縣條例ヲ以テ規定スルモノノ外府縣規則ヲ設クルコトヲ得　府縣條例及ヒ府縣規則ハ一定ノ公告式ニ依リ之ヲ告示スベシ」と定めていた。条文中には住民の権利義務に関する文言がない。したがって、府県制においては条例と規則の違いが明確ではなく、両者の違いは制定手続の違いとして説明されていた。

　現代の制度につながる変革は、昭和18年（1943年）にあった。地方制度の改正が行われ、市制12条2項（町村制10条2項）「市（町村）ノ營造物」の下に「又ハ市（町村）ノ事務」が挿入され、営造物に限っていた規則の範囲が一般的な事務に拡大されたのである。そして、それまで規則制定は市町村会の議決を要するものであったが、①財産の取得、管理及び処分並びに市費を以て支弁すべき工事の執行に関する規則、②財産及び営造物の管理に関する規則を除き、原則として市町村会の関与なく、市町村長限りにおいて制定できることとなった。つまり、昭和18年地方制度改革によって、規則は長の権限において定めるものとなったのである。

4）　久世公堯『地方自治条例論』（日本評論社、1970年）9頁以下参照。
5）　金丸三郎・若林仙二『条例と規則』（良書普及会、1949年）9頁以下参照。
6）　金丸・若林・前掲注(5) 35頁以下参照。

2　昭和22年4月17日地方自治法における規則

　昭和22年4月17日地方自治法の逐条解説書である鈴木俊一・金丸三郎『実例判例挿入　地方自治法講義』によれば、昭和22年4月17日地方自治法でとられた「規則」についての考え方は、従前と比べて、三つの点において、大きく異なるものであった。

　第一に、条例と規則の内容が異なる。特筆すべきことは、従前、条例で住民の権利義務に関する事項を定めるとされていたものが、地方自治法においては、条例は議会の議決を経るべき事項に限定されたことである。議会の議決を経るべき事項自体が限定されて規定されれば、住民の権利義務に関する事項は、条例事項から外れることになる。これによって執行機関である長の権限とされた事項は、議会の議決すなわち条例制定が及ばないものであり、住民の権利義務に関することも定め得るとされたのである。

　第二に、制定の手続が異なる。従来、規則は原則として議会の議決を要しないが、例外として議会の議決を要するものがある（前述した①、②）、という考え方であったが、かかる例外をなくし、議会の議決を要するものは条例でなければならない、という考え方、定め方をとったのである。

　第三に、刑罰を導入したことである。地方自治に刑罰を導入したことは画期的なことであった[7][8]。

　昭和22年4月17日地方自治法14条及び15条は、下記のように定められている。

昭和22年4月17日地方自治法（昭和22年法律第67号　下線部筆者注）
第十四條　普通地方公共團體は、法律の範圍内において、その事務に関し、條例を制定することができる。
　　<u>法律又は政令により都道府縣に属する國の事務に関する都道府縣の條例に違反した者に対しては、法律の定めるところにより、これに刑罰を科することがあるものとする。</u>
第十五條　普通地方公共團體の長は、法律の範圍内において、その権限に属する事務に関し、規則を制定することができる。
　　<u>前條第２項の規定は、前項の規則にこれを準用する。</u>

7）　鈴木・金丸・前掲注（3）42頁以下参照。
8）　須藤陽子「地方自治法における過料」行政法研究11号（2015年）14頁。

田中二郎は、条例と規則の違いについて、条例が議会の定めるところであるのに対して、規則は長がその権限に属する事務について定めるものである点に区別があるとする。そして、「この意味での規則が認められるようになったのは、府県知事が国の行政官庁たる地位から地方団体としての府県の執行機関たる地位に移り、もはや、従来の府県令の形式の法令を定めることができなくなったこと、而もそれに代わる定めをなす途を拓く必要が存することに基づく。初め都道府県知事の定めた「規則」に違反した者に対してのみ刑罰を科することがあるものとしていたのはそのためであろう。」と述べる。

　田中二郎が指摘しているのは、昭和22年4月17日地方自治法がとった15条2項の罰則規定の考え方である。憲法94条および昭和22年4月17日地方自治法14条1項は、都道府県に限らず普通地方公共団体に条例制定権を認めたのであるが、条例違反に対する罰則は「都道府縣に属する國の事務に関する都道府縣の條例に違反した者」についてのみ科すことを認めたものである。普通地方公共団体の長に規則制定権を認めつつも、規則について法14条2項を準用することによって、規則違反に対する罰則は都道府県の長の定める規則についてのみ刑罰を科すことを認めている。そこに地方令廃止の影響が読み取れるというのである。

　都道府県の長の定める規則を特別なものとする14条と15条は、昭和22年12月12日に早くも改正され、形を変え、都道府県の長の定める規則を特別扱いする規定はなくなっている。

3　地方令廃止の影響

　戦前の地方制度において、府県と府県知事は、各々二面性を有していた。府県には国の地方行政区画としての側面と地方団体としての側面があり、府県知事も地方官官制に基づく国の官吏としての顔と地方団体の長という顔があった。戦前の地方制度における府県の立法は、自治権に基づく条例と規則、そして国の命令としての府県令の二本立てであった。府県知事は、その主管の事務

9）　清宮四郎・田中二郎『新憲法と財政　新憲法と地方自治』(国立書院、1948年) 101頁以下。

について、法律、勅令、閣令および省令を執行するために必要な施行規則を、あるいは公共の安全と秩序を維持するために住民の権利自由を制限する定めを、あるいは住民の福利を増進するために公の施設についてその利用の条件に関する定め等を、地方令の形式で定めることができた[10]。

　前述したように、戦前の市制・町村制において、住民の権利義務に関わるものは条例の専管事項であったが、府県制においては、条例と規則の差異は制定手続の違いであった。市制・町村制の規定とは異なって、昭和22年4月17日地方自治法14条1項には「住民の権利義務に関し」という規定がなく、「その事務に関し」とある。また、15条の規定は極めて広く、「その権限に属する事務」に関して規則を制定できることから、住民の権利義務に関することであっても規則で定めることが可能となった。

　金丸三郎は、「従来の府県令等はなくなったので、都道府県の規則には、従来の府県令に相当する法規命令と同様な性格をもたせる必要を生じた」と説明する[11]。新憲法によって府県令の多くはその効力を否定されたが、府県令に似た地方的な一般規定を制定する必要を認めざるを得なかった。そこで、府県令と従前の地方制度における規則という両方の性格を併せ持つ一般的規定として、新しい規則が考えられたのである[12]。

　戦前の地方制度において認められていた条例制定の範囲は、現代と比較すれば非常に狭い。地方令が定めていた事項を条例事項とすることは、国の事務を地方公共団体の事務とすることであって、地方自治の拡大を意味する。地方令で定める重要なものは警察的取締りであったが、戦前の警察的取締りは法律で定めることを原則としつつ、必ずしも全国画一的でなく、地方的事情に応じて地方令によって定められ、執行されていた[13]。地方令制度が廃止され、新たに

---

10)　久世・前掲注（4）6頁以下参照。
11)　久世・前掲注（4）38頁注（五）。
12)　小林与三次「条例規則論議――自治観念論議（その五）」自治研究29巻1号（1953年）37頁参照。
13)　地方令には「閣令省令廳令及府縣令及警察令ニ關スル罰則ノ件」（明治23年勅令第208号。明治41年勅令第245号によって改正）「第二條　地方長官及警視總監ハ其ノ發スル所ノ命令ニ五十圓以内ノ罰金若ハ科料又ハ拘留ノ罰則ヲ附スルコトヲ得」に基づき、罰金、科

地方自治法が制定されたことにより、国の官吏であった知事が定める地方令が果たしていた役割の一端を、法令による規則委任ないしは機関委任事務制度により、「国の機関」とされる長の「規則」に担わせようとしたのである。

II　二元的立法制と二元代表制？

1　1980年代の学説

　なぜ法15条に関する研究は進まなかったのか。その躓きの元は、憲法94条「条例」論にあったのではないだろうか。

　憲法94条「条例」をめぐる学説は、大別して三つである。狭義説（憲法94条条例は地方議会の議決により制定した条例のみとする）、広義説（憲法94条条例に長が定める法15条1項規則も含まれる）、最広義説（長が定める法15条1項規則のみならず、長以外の執行機関が定める法138条の4第2項規則その他の規程も含まれる）である。現代では、広義説ないしは最広義説が多数説的な地位を占めているとされる。かつて、憲法学者のみならず行政法学者も盛んに論じていた時代があったが、憲法学説と行政法学説の双方に、それぞれ研究の進展を妨げる要因があると思われる。

　まず憲法学説を振り返れば、佐藤幸治は、一元的立法制か二元的立法制かという問題が憲法解釈論上必ずしも掘り下げて論じられることがなかったという。憲法94条「条例」論について、通説が広義説によりつつも議会制定の条例（狭義の条例）をもって自主法の中心とみなし、それに主要な関心を寄せてきたことと関係しているのかもしれないと指摘する。[14] 現代の日本国憲法教科書を開けば、佐藤幸治の指摘するとおり、憲法94条「条例」論に、ほんのわずか法15条規則は言及されるのみであり、憲法学説の特色として、広義説と最広義説の違いを意識しておらず、広義説として法15条1項規則と法138条の4第2項規則その他の規程を一緒にしている。

　　料、拘留の刑罰を付すことができた。
14)　佐藤幸治「20　地方公共団体の「統治構造」」佐藤幸治・中村睦男・野中俊彦『ファンダメンタル憲法』（有斐閣、1994年）238頁。

佐藤幸治は「長も住民によって直接選挙される存在であることなどを理由に長の制定する規則も「条例」に含まれるとする説（広義説）が一般的である」としつつ、「公選によらない各種委員会の制定する規則・規程については、独立行政委員会的説明などをするほかはない」という。一元的立法制か二元的立法制か、という視点を憲法94条「条例」論に組み入れた場合、長以外の執行機関が法138条の4第2項に基づいて規則その他の規程を定立する権限を説明することが難しくなるのである。

次に、1980年代の行政法学説の問題点を指摘したい。筆者は、一元的立法制か二元的立法制か、という論の立て方をしたことに問題があったのではないかと思う。

注目すべきであるのは、狭義説に立つ高田敏の指摘である。広義説に立てば議会と長（または執行機関）の二元的立法制を前提とすることになる、首長制が憲法上直ちに二元的立法制までを導出すると考えてよいのか疑問である、という。高田敏は「普遍化的近代原理からすれば、議会の一元的立法制が原則とされるべきであろう」と述べるのである。

高田説の登場以降、二元的立法制を語ろうとすると、いつしか二元代表制に結び付けられていないだろうか。もっぱら二元代表制から法15条の根拠を説明しようとしたことが、今日の議論の停滞につながっていると思われる。つまり、長の規則制定権の根拠論に、長が直接公選によって選出されている民主的基盤ないしは正統性を結び付け、そこに重きを置きすぎていないだろうか。はたして、二元代表制という用語に確たる意義があるか、憲法学上の確たる内容を持った用語か否かが問われなければならない。

一元的立法制か二元的立法制か、という議論は、前述した佐藤幸治の論稿が

---

15) 佐藤幸治『憲法　第3版』（青林書院、2004年）282頁。
16) 高田敏「条例論」雄川一郎・塩野宏・園部逸夫編『現代行政法大系8　地方自治』（有斐閣、1984年）171頁以下。
17) 亘理・前掲注（2）92頁参照。
18) 村上順「自治体立法の意義と法的課題」原田尚彦・兼子仁編著『自治体行政の法と制度』（学陽書房、1988年）56頁参照。

そうであるように、地方公共団体とその統治機構の問題、議会と長の関係として展開され、論じられることとなる。しかし、そこで議論は止まってしまう。二元代表制は憲法学上の定義があるわけではなく、「統治機構の担当者、とりわけ政治部分、すなわち立法部及び行政部の担当者が、両者ともに民意に直接その正統性の基盤を置く」[19]ものと解されるが、憲法が地方自治の組織法制の基幹部分について定めている規定は必ずしも明確でない。大統領制をとる米国の制度と「似ている」ということ以上をいうことは難しく、規則制定権の根拠となり得るような憲法上の内容を伴わないのである。

2　自治立法権と法15条、法138条の4第2項

前述した高田説が議会という機関に重きを置くのに対して、芦部信喜は広義説に立ち、憲法94条が「地方公共団体」の権能を定めた条文であることに着眼する[20]。「条例とは、地方公共団体がその自治権に基づいて制定する自主法である」という。長の制定する規則、その他の執行機関の制定する規則及び規程を含む実質的な意味における条例と、議会が定める形式的意味における条例に分ける。「自主法」とは法律・命令等の「国家法」に対する観念であって、条例は地方公共団体の事務に関する事項しか規律できないが、その範囲内では、国家法とは原則として無関係に独自に規定を設けることができるという[21]。

憲法94条が地方公共団体に自治権を保障したものであることは、異論がないであろう。田中二郎は昭和23年（1948年）に出版された『新憲法と財政　新憲法と地方自治』において、自治権の観点から憲法94条「条例を制定することができる」の意義を説く。従来の地方における国政事務の多くが新憲法92条の精神に基づいて地方自治事務に移管されることになり、これらの事務について、地

---

19)　渋谷秀樹「長と議会の関係のあり方　一律二元代表制を憲法は要請しているか」都市とガバナンスVol.14（2010年9月）22頁。
20)　憲法94条1項は「議事機関」として議会を置くが、「議事機関」の意義は必ずしも明確でない。田中二郎『新版行政法上巻　全訂第2版』（弘文堂、1975年）159頁は、地方議会を行政組織として位置付ける。したがって、議会は「行政機関」の一つとなる。
21)　芦部信喜（高橋和之補訂）『憲法　第4版』（岩波書店、2007年）352頁参照。

方公共団体は独立の権能を有するようになった。憲法94条が「「法律の範囲内で条例を制定することができる。」と規定しているのは、地方公共団体が当該区域内に効力を有する法規たる定めを定立するいわゆる自主立法権を有することを明らかにし、同時にそれが法律の範囲内で、法律に抵触するものであってはならないことを示したものといってよい。ここには条例（regulations）といっているが、それは、地方自治法の定める条例（by-laws）及び規則（regulations）の双方を含む意味に解せられるべきであろう」という（筆者注：法138条の4第2項は昭和27年（1952年）地方自治法改正（昭和27年法律第306号）によって設けられたものであるため、昭和23年にはまだ条文がない）。

一元的立法制を唱える高田説は、憲法94条が定める「条例を制定することができる」を、もっぱら条例制定権の保障として論じる。しかし、条例制定権の保障として捉えた場合、条例以外の地方公共団体の立法作用（長が定める規則、長以外の執行機関の定める規則及び規程、要綱）の根拠ないし位置付けを説明することが難しい。1980年代に唱えられた狭義説の着眼点は、法規たる条例の性質、法律と条例の関係にある。そのため、憲法94条が地方公共団体に自治権を保障した条文であり、「条例を制定することができる」ことを自治立法権の保障と解しつつも、自治立法権の保障と条例制定権の保障の異同を問題とすることがない。法律と規則の関係、すなわち（当時の）地方自治法が法規たる性質を有する規則制定を長に認めている理由（憲法上の根拠ではなく）や、条例と規則の関係、規則の役割、法規たる性質を有しない条例や規則が存在することに

---

22) 清宮・田中・前掲注（9）34頁以下。
23) 前掲注（16）の論稿は、もともと「条例・規則・要綱」というテーマで執筆依頼されたものであったという。高田・前掲注（16）222頁。
24) 現代の憲法学においても、法律との関係における条例の効力という観点から、広義説に立つことに懸念を示す学説がある。辻村みよ子は「条例の自主立法としての民主的な意味を重視する場合には、多数説のように条例の意味を広く解することも可能だが、逆に、後にみるような法律との関係で条例の効力を強く解する傾向を前提とするならば、条例の意味は厳密に解しておく必要があるといえよう」と述べる。これは長の規則制定権の根拠論と条例の効力論が区別されないままの見解となっている。辻村みよ子『憲法 第2版』（日本評論社、2005年）551頁以下。

は関心がないかのようである。

　広義説に立つ兼子仁は、1988年に出版した『自治体法学』において、自治法規としての「例規」の意義を説いた。「自治体の議会立法」としての条例と「自体体の行政立法としての法規で、自治体の長及び委員会が制定する」規則をあわせて「例規」とする。「条例も規則も、原則としてその自治体の区域内でのみ効力を持つ自治立法・自治法規」であり、広い意味での「例規」には、法規のほか、行政内規としての訓令・通達、要綱などが含まれ得るとする。[25]

　平成11年（1999年）第１次地方分権改革により、長の規則から法規たる性質が奪われることとなったが、では、法15条１項が定める長の規則制定権自体を奪うことは可能だろうか。

　筆者は、長の規則制定権自体を法律によって奪うことは、憲法92条「地方自治の本旨」を著しく損なうものであると考える。地方議会が定立した条例があるだけでは、条例の内容は実現されることがないからである。定められた条例を実現するために必要なのであり、執行のための長の規則制定権を奪うことは、地方自治を実現する手段として、著しく不合理であろう。

Ⅲ　規則と強制、処罰

１　行政代執行法２条「法律（法律の委任に基づく命令、規則及び条例）」の「規則」とは？

　行政代執行法は、昭和23年（1948年）５月15日に制定された行政上の義務履行確保の基本となる法律である。行政代執行法２条に規定された「規則」[26]はこれまで取り上げられなかった問題であり、行政代執行法の新旧逐条解説でも「法律の委任に基づく規則」についての項目はない。ここでいう「規則」とは、法

---

25)　兼子仁『自治体法学』（学陽書房、1988年）60頁以下参照。
26)　広岡隆『行政代執行法　新版』（有斐閣、1981年、復刻2000年）、中原茂樹「第２章　行政代執行法の解説」北村喜宣・須藤陽子・中原茂樹・宇那木正寛『行政代執行の理論と実践』（ぎょうせい、2015年）。

15条1項に基づいて長が定める規則であるとされる。[27]平成11年第1次地方分権改革以前を想定すれば、かつての機関委任事務は「法律の委任に基づく規則」に該当する。規則において住民の権利義務に関わる事項を定めることが可能であったから、代執行は適用可能であったと解される。

　学界の関心は「法律の委任に基づく命令、規則及び条例」の「法律の委任に基づく」が「条例」にもかかるか否かにあった。文理上は「条例」にもかかると読める。しかし学説・実務（昭和26年（1951年）10月23日福岡県議会事務局長宛自治庁行政課長回答・地方自治関係実例判例集第14次改訂版（平成18年（2006年）32頁））は、個別の法律の委任に基づかない条例、いわゆる自主条例についても行政代執行の適用を認める解釈をとってきた。[28]自主条例違反に行政代執行が認められなければ、条例の実効性確保が困難になり、自治行政に支障を生じるからであるとされる。[29]

　では、「規則」について、「条例」と同様に考えることが可能だろうか。つまり、法律の委任に基づかない、長の権限に属する事項につき独自の規則を定めるような場合である。平成11年の地方自治法改正以前ならば、規則で住民の権利義務に関する事項を定めることも可能であったから行政代執行法2条の解釈問題となり得たのであるが、現行法14条2項に「普通地方公共団体は、義務を課し、又は権利を制限するには、法令に特別の定めがある場合を除くほか、条例によらなければならない。」という規定があるため、原則として、規則で代執行の対象となる義務（代替的作為義務）を課すことができない。現行法では、

---

27)　金丸・若林・前掲注（5）211頁参照。

28)　しかし、行政代執行法の所管官庁が自治庁であったのかどうか、はっきりしない。行政代執行法制定過程において各省庁から法制局に集められた意見の中に自治庁が提出したと推察される意見が見られ、地方公共団体の処分にも行政上の強制執行の手段が必要である旨が述べられている。「地方公共団体の長が法令若しくは法令に基きてなす處分又は條例規則若しくは條例規則に基きてなす處分についても行政官廳について認めると同様の範囲においては、行政執行法第五條の規定の適用し得る如く措置する必要がある。」須藤陽子『行政強制と行政調査』（法律文化社、2014年）9頁。

29)　原田尚彦『行政法要論　全訂第7版』（学陽書房、2010年）226頁、塩野宏『行政法Ⅰ　行政法総論　第6版』（有斐閣、2015年）253頁以下参照。原田尚彦は、一貫して「法律の委任に基づく規則」「法律の委任に基づく条例」と解している。

例外として、「法令に特別の定めがある場合」、すなわち、法律が規則で義務を課すことを個別的に認めている場合に代執行が可能となるに過ぎない。

「法律の委任に基づく規則」が行政代執行法2条の解釈問題として意識されなかったのは、学界の関心が自主条例の実効性確保にあったこと、そして戦後の実務が代執行を用いること自体に抑制的であったためであると思われる。前述したように、現行法の下では法律の委任のない規則に法規たる性質は認められないから、行政代執行法2条の解釈問題は生じないであろう。

平成11年以前の問題として仮定してみよう。もし法15条1項規則の性質の根拠を長の直接公選制ないしは民主的基盤に求めるならば、自主条例に行政代執行法の適用を認めるのと同様に、直接公選制ないしは民主的基盤という論拠ゆえに、法律の委任に基づかない、独自規則への行政代執行法の適用を認めざるを得なかったのではないだろうか。

2　法15条2項罰則制定権

1　「府県令の幽霊」と法15条

現行地方自治法には、過料を定める三つの条文がある。法14条3項「5万円以下の過料」、法15条2項「5万円以下の過料」、法228条2項「5万円以下の過料」および3項「徴収を免れた金額の5倍に相当する金額（当該五倍に相当する金額が5万円を超えないときは、5万円とする。）以下の過料」であるが、このうち法14条3項と法228条2項および3項の過料は条例で定める過料である。

法14条3項の過料は、平成11年地方自治法改正に際して「刑罰」に加えて導入され、そして法228条2項および3項は、大正15年（1926年）市制129条（町村制109条）に由来し、昭和22年4月17日地方自治法に引き継がれた条文である。法228条は戦前の地方制度の名残りともいえるような条文であるが、法15条2項は同条1項とともに、戦前の地方制度から日本国憲法下の地方自治制度への転換を図るうえで、隠れた楔のようなものである。

柳瀬良幹は「売淫取締条例と憲法」（昭和23年（1948年）8月5日東北学生新聞）において、条例に対して認められた刑罰の包括委任を問題としても、秩序罰とはいえ過料という罰則の包括委任を行うことを気にかけない人々を「昔の府県令

の幽霊にとりつかれている」と揶揄する。柳瀬良幹の「府県令の幽霊」という表現は法15条2項「過料」についていったものであるが、筆者は、法15条2項のみならず、同条1項にも「府県令の幽霊」は立ち現れたのだと思う。前述したように、法15条1項「規則」にも府県令廃止の影響が見られるからである。

「府県令の幽霊」は、地方令である府県令廃止の影響ないしは府県令廃止後の手だての問題性を指摘した表現である。それは、国の官吏であった知事の身分をどうするか、ということと切り離し難く立ち現れる。

戦前の府県知事は二つの顔を持っていた。一つは、地方団体である府県の代表としての顔であり、代表として、自治権に基づく条例及び規則を定めていた。もう一つは、国の官吏としての顔である。府県知事が国の事務を処理する地方行政官庁として定める地方令が及ぶ事項は、条例及び規則に比して、広範なものであった。

戦前に府県知事は、地方官官制（大正15年6月3日勅令147号）第6条「知事ハ部内ノ行政事務ニ付其ノ職権又ハ特別ノ委任ニ依リ管内一般又ハ其ノ一部ニ府県令ヲ発スルコトヲ得」を根拠に、地方令（府県令）として、主管の事務について、地方官官制の一般的委任に基づき職権命令を発すること（その性質上、明治憲法第9条による命令の範囲に限るものとされた）、法律、勅令、閣令、省令等の特別の委任に基づき、その委任された事項について、委任命令を発することができた。

「すなわち、府県知事は、その主管の事務について、法律、勅令、閣令および省令に抵触しない限度において、あるいは法律、勅令、閣令および省令を執行するに必要な施行規則を、あるいは公共の安全秩序を維持するために住民の権利・自由を制限する定め（住民にあることを禁止しまたは命令する定め）を、あるいは住民の福利を増進するために公の施設についてその利用の条件に関する定め等を行うことができ」たのである。とりわけ重要であったのは、警察命令としての府県令であった。「警察取締的法規は、法律をもって定めるべきこと

---

30) 柳瀬良幹「売淫取締条例と憲法」（1948年8月5日東北学生新聞）同『人権の歴史』（明治書院、1949年）162頁以下。

を原則としつつも、地方的事情に応じ（全国画一的のものではなく）、かつ、時の事情の変化に応じ臨機の処置をとる必要」に対応し、地方令によって規制されていた。[31]

　自治権に基づき定立される条例および規則には刑罰を用いることはできず、過料を科すことができる事項も限定的なものであったが、地方令には刑罰を定めることができた。

　「命令ノ條項違犯ニ關スル罰則ノ件　命令ノ條項ニ違犯スル者ハ各其ノ命令ニ規定スル所ニ從ヒ二百圓以内ノ罰金若ハ一年以下ノ禁錮ニ處ス」（明治23年法律第84号）、「閣令省令廳令府縣令及警察令ニ關スル罰則ノ件」第2条「地方長官及警視總監ハ其ノ發スル所ノ命令ニ五十圓以内ノ罰金若ハ科料又ハ拘留ノ罰則ヲ附スルコトヲ得」（明治23年勅令第208号。明治41年勅令第245号によって改正）に基づき、罰金、科料、拘留の刑罰を付すことができたからである。

　斯様な地方令を発する権限を有する国の官吏である知事の身分を変えざるを得ないということは、二つの異なった問題を孕んでいた。

　第一に、戦後においても府県が国の事務を行う必要があり、知事の身分をどうするかは、国の事務を処理する府県に対する国の監督権の及ぼし方の問題でもあったということである。国がどのように監督を及ぼし得る仕組みを作るかが問題であった。その結果、国の事務を行う限りにおいては知事を「国の機関」と位置付ける機関委任事務という仕組みが選ばれた。[32] そして機関委任事務に条例制定は及ばず、長の定める規則の専権事項として、法規たる性質を有

---

31)　久世・前掲注（4）7頁以下参照。
32)　天川晃「知事公選と地方自治法の制定」地方自治総合研究所監修『戦後自治の政策・制度事典』（公人社、2016年）10頁以下参照。知事の身分が官吏から公吏になると、府県が処理していた国の事務をいかなる形で処理するかが大きな問題であり、採りうる方策は三つであった。一つは、国の事務を処理するのは官吏でなければならないということを厳格に考えて、従来府県が処理していた国の事務は府県以外の国の地方行政官庁（出先機関）に処理させるという方向、第二は、国の事務を府県に移譲して府県の事務とし、これを公吏の知事が処理するという方向、第三は、公吏である知事を国の行政機関と位置付けこれに国の事務を委任するという方向であり、第三の方策を機関委任事務として認める方向で地方自治法が作られたという。

第 6 章　地方自治法15条規則と過料

する規則を制定することが可能とされたのである。

　第二に、従来国の事務とされていたものが地方公共団体に移行され、条例制定事項が拡大したことにより、それまで国の官吏である知事の発する地方令によって罰則を科していたが、地方公共団体による規制の実効性のためにどのような手だてをとるか、という問題があった。

　前者が法15条1項に立ち現れる「府県令の幽霊」の正体であり、後者が法15条2項のそれである。

　法15条2項は、前述したように、昭和22年4月17日地方自治法においては、法14条2項「法律又は政令により都道府縣に属する國の事務に関する都道府縣の條例に違反した者に対しては、法律の定めるところにより、これに刑罰を科することがあるものとする。」という規定を準用するものであった。しかしこの14条と15条の規定は、昭和22年12月12日の法改正に際して衆議院の審議中にGHQ側から出された修正意見により、姿を変えることになる。

　『戦後自治史　第7』（自治省自治大学校、1965年）57頁によれば、日本政府の修正案では、行政事務に関する地方公共団体の条例に違反した者に対して、都道府県にあっては5千円以下、市町村にあっては2千円以下の過料を科することができるものとすることとしていた。この修正案に対して、GHQチルトン中佐から刑罰を科するものとするようにと命ぜられたのである。

　「刑罰を科することがあるものとする」と定めていた法14条と法15条は、結果的に法14条に刑罰、法15条に過料という罰則に分かれた。それはGHQの罰則観を映し出し、そして地方自治法には明文化されていない条例と規則の関係を表している。刑罰を罰則として採用しようとするGHQの考え方は、裁判所が関与するという点に重心がある。規則では過料が罰則とされたが、それはなぜ刑罰ではないのか。第1次改正をめぐる議論の中に、法15条の改正に関する言及はほとんど見られない。GHQの主要な関心は法14条の条例制定権にあったからである。法15条の改正は法14条を修正することとなったので「これとはずを合わせて、第15条も修正することとなつた」という。

　規則に罰則を付すことが認められたのは、長の権限に属する事務の執行を保障するためである。『逐条地方自治法提義』（良書普及会、1949年）368頁によれ

ば、規則をもって規定すべき事項が比較的軽微であること、規則が長の専権により議会等から何等の制約を受けることなく制定することができる点に鑑み、規則に対しては刑罰立法権が認められなかったという。すなわち、刑罰は議会が制定するものでなければならないが、過料は刑罰ではないから妥当とされたのである。[33]

昭和22年4月17日地方自治法15条2項が、都道府県知事の定めた規則違反に対する刑罰規定であったのに対し、昭和22年12月12日地方自治法15条2項は、都道府県知事の定める規則に限定せず、市町村長の定める規則をも含んでいた。これによって、地方自治法制定当初に立ち現れた「府県令の幽霊」の姿が見えにくくなったといえよう。

2 法15条2項と長の直接公選制

行政法学において「過料」に関する研究は、長い間、ほとんど見られなかった。法15条2項の過料を問題とする以前に、過料に関する研究に著しい停滞があったからである。法15条2項をめぐる研究が進まなかった一因であろう。

柳瀬良幹は昭和24年（1949年）に発表した論稿「条例と罰則」において、憲法違反が問題になるべきものは法14条2項の条例に対する罰則の包括委任よりも、むしろ規則に対して罰則の包括委任をする法15条2項のほうだ、と指摘する。[34] なぜ誰も規則に対する罰則の包括委任を問題にしないのかと怪訝がる。

柳瀬良幹は、第一には、「府県令の幽霊」に取りつかれていて地方団体の執行機関が罰則付きの命令を出し得るのは当たり前のように思っていること、第二には、その委任されたものが刑罰ではなくて過料である、ということの二つであろうと推し量っている。法15条の規則が以前の府県令のような国の命令ではなく、その背後には以前の「命令ノ條項違犯ニ關スル罰則ノ件」（明治23年法律第84号）のような基礎がないこと、過料は刑罰ではないが、民主主義の原理からすれば、決して独り刑罰だけについて法律の規定がいることではないという。そして、過料が刑罰でないことはその包括委任が憲法上差支えない理由に

---

33) 須藤・前掲注(8)19頁以下。
34) 柳瀬良幹「条例と罰則」(1949年1月自治研究)同『人権の歴史』(明治書院、1949年) 187頁参照。

はならず、憲法違反とならない理由として、長が「議会の議員と同じく住民の公選するその直接の代表機関であり、そしてその制定する規則はその代表する住民の範囲に限って行われるものであるから、その規則によって住民が過料を科せられるのは恰度国民が国家の制定した法律によって刑罰を科せられるのと同じことで、何等民主主義の原理に反するものではない点に求める外はない」[35]ことを挙げる。

　筆者は、柳瀬良幹の指摘するところに、一部賛意を覚える。前述したように、従来の行政法学説は、長が直接住民公選で選ばれた存在であることを法15条1項規則制定権の論拠とするが、筆者は、むしろ法15条2項において、長が規則違反について過料を科する権限を包括委任されている論拠として用いるべきではないかと考えるからである。

　規則制定権自体は、自治権に根拠を求めるべきものである。規則制定にあたり、長の専権事項として議会の議決が不要となったのは、昭和18年（1943年）の地方制度改正に際してであって、昭和22年4月17日地方自治法制定はこれを踏襲したものである。

　また、性質についていえば、法15条1項規則の法規たる性質は機関委任事務ないしは法律の委任によってもたらされたものである。法規たる性質を法律によって奪われても、長の規則制定権自体はなお存続し、規則に罰則を付す必要性があることは変わらない。規則の内容が手続を定めるものであったとしても、手続違背に対する罰則が必要な場合があり、形式的な違反行為に対する罰則として過料が適しているからである。

　他方で、筆者は、柳瀬良幹の述べるところに反論したい部分がある。罰則として刑罰でなく過料を規定する法律は多いが、その場合、過料は非訟事件手続法の定めに従って裁判所が科する。地方自治法における過料は、長が行政処分として過料を科し、強制徴収することが認められ、徴収した過料は地方自治体に帰属する。地方自治法における過料は、過料を科する手続面と強制徴収制度

---

35)　柳瀬・前掲注（34）189頁。

から、過料制度一般における例外として位置付けられる[36]。現行地方自治法に置かれた過料の特質、すなわち、行政処分の形式をとった罰則としての過料という側面を考慮して、憲法上の問題を論じるべきである。

Ⅳ 規則への罰則委任の論拠とは？

1 「法令に特別の定めがある」場合と刑罰

　法15条2項は「普通地方公共団体の長は、<u>法令に特別の定めがあるものを除くほか</u>、普通地方公共団体の規則中に、規則に違反した者に対し、5万円以下の過料を科する旨の規定を設けることができる」（下線部筆者）という規定の仕方をするため、いつの頃からか、法令に特別の定めがあれば過料以外、すなわち刑罰を科すことも可能だと解されている[37]。

　しかし、内務官僚金丸三郎・若林仙二が著した『条例と規則』（良書普及会、1949年）を見ると、地方自治法15条2項にいう「特別の定め」とは、「知事、副知事、助役、出納長、副出納長等の事務引継、機関委任事務の手数料の徴収に関しては規則で2千円以下の過料又は徴収を免れた金額の5倍に相当する金額以下の過料を科する規定を設けることができることとされているような場合に外ならない[38]」という。当時の解釈では「特別の定め」が規則で刑罰を定めることを容認する趣旨には解されていないようである。

　法律、命令、条例という形式で刑罰を定めることが可能であるにもかかわら

---

36) 上田豊三「過料の裁判」鈴木忠一・三ケ月章編『実務民事訴訟講座第7巻』（日本評論社、1969年）143頁以下参照。須藤・前掲注(8)3頁以下。

37) 長野士郎『逐条 地方自治法 第4次全訂新版』（学陽書房、1958年）で「特別の定め」に関連する記述はわずかである。「法令によって規則に規定する事項の義務違反に対して科すべき罰則に関する特別の定がある場合には、それによるべきであるが、それ以外の事項であって規則を制定する必要があり、その義務違反に対して過料を科す旨の規定を設けることは、法令に明示的な禁止規定がない限りは可能である（行実　昭25、8、2）。」という一文があるのみで、規則で刑罰を定めることに言及がない。筆者は立命館大学図書館が収蔵している本書の改訂版を昭和53年（1978年）第9次改訂版まで見比べたが、「規則と罰則」という項目の記述に加筆はない。

38) 金丸・若林・前掲注(5)212頁。

ず、あえて法15条2項に基づいて規則で刑罰を科する意味が問題にされなければならない。

　実定法の定めを見ると、昭和39年（1964年）に制定された河川法（昭和39年法律第167号）109条に「第二十八条又は第二十九条第一項若しくは第二項の規定に基づく政令又は都道府県の規則には、必要な罰則を設けることができる。　2　前項の罰則は、政令にあつては六月以下の懲役、五万円以下の罰金、拘留又は科料、都道府県の規則にあつては三月以下の懲役、三万円以下の罰金、拘留又は科料とする。」という規定があった。平成11年第1次地方分権改革に際して、「法令に特別の定めがある」場合を限定的に解するべきという考え方から、条例によって刑罰を科する方式に改正されている。

　これに対して、機関委任事務が廃止された平成11年第1次地方分権改革以降も、条例ではなく規則に法規たる定めを置くべきこと、規則で刑罰を科すことを定めたものが農林水産省所管の法律に見られる。漁業法65条2項、3項、4項、水産資源保護法4条2項、3項、4項である。漁業法65条2項は、漁業取締りその他漁業調整のために都道府県知事が規則を制定できること、3項は2項に基づき制定された規則に罰則を設ける権限を付与し、4項は規則に罰則として「6月以下の懲役、10万円以下の罰金、拘留若しくは科料又はこれらの併科」を定めることを認める。[39]

　漁業法の逐条解説によれば、漁業法65条の漁業調整のために付する制限又は禁止と水産資源保護法4条の規制事項は、不可分一体となっているものが多く、漁業調整のために付する制限又は禁止について、「①全国一律になしうるものであっても、その内容は具体的事情に応じて随時変更することを要するため、具体的規定を立法技術上省令に委任することとし、②また、各都道府県ごとになすべき制限又は禁止についても、その内容は極めて複雑で一律に限定することは困難で、かつ、その内容は具体的事情に応じて随時変更することを要

---

[39]　漁業法65条4項を受けて制定されている各都道府県漁業調整規則の罰則規定は、法律が定める「6月以下の懲役、10万円以下の罰金、拘留若しくは科料又はこれらの併科」の規定とおりのものではない。たとえば、東京都漁業調整規則56条は「6月以下の懲役若しくは10万円以下の罰金に処し、又はこれを併科」とある。

するものが多いため、具体的規定を立法技術上規則に委任することとした」と説明される[40]。この説明から条例ではなく規則で規制を図る理由を挙げるとすれば、議会の議決を経ずに長が制定できる、「随時変更」可能、機動性というメリットが得られることである。

2 規則に罰則（刑罰）委任することは許されるか？

しかし、「随時変更」可能というメリットは、条例ではなく規則で刑罰を定める理由にはならない。そもそも、なぜ規則で刑罰を定めることが可能と解されるのかが問われなければならない。漁業法の逐条解説は、水産資源保護法違反、茨城県内水面漁業調整規則違反被告事件の最高裁判決を挙げる。この事件は機関事務制度下のものであり、事件の差戻上告審において、弁護人は、漁業法65条及び水産資源保護法4条が都道府県知事に対して罰則を制定する権限を賦与したことを罪刑法定主義を定めた憲法31条に違反すると主張したが、最高裁昭和49年12月20日第二小法廷判決は、上告棄却としている（最高裁判所裁判集刑事194号425頁）。

最高裁は「憲法31条はかならずしも刑罰がすべて法律そのもので定められなければならないとするものでなく、法律の具体的授権によつてそれ以下の法令によつて定めることもできると解すべきであることは、当裁判所の判例（昭和23年（れ）第141号同25年2月1日大法廷判決・刑集4巻2号73頁、昭和27年（あ）第4533号同33年7月9日大法廷判決・刑集12巻11号2407頁、昭和31年（あ）第4289号同37年5月30日大法廷判決・刑集16巻5号577頁）の趣旨とするところである。そして、漁業法65条及び水産資源保護法4条は、漁業調整又は水産資源の保護培養のため必要があると認める事項に関して、その内容を特定し、刑罰の種類、程度を限定して、罰則を制定する権限を都道府県知事に賦与しているところ、右各規定が憲法31条に違反しないことは、前記判例の趣旨に照らし、明らかである。また、本件規則の規定内容が右各法律の授権の範囲内にあることは規定自体か

---

40) 漁業法65条に基づく規則に係る事務は第1号法定受託事務であり、同条1項および2項に基づく規則を農林水産大臣の「認可」に係らしめる（同条7項）ことが、国の関与となる。

ら明らかである。よつて、憲法31条違反をいう論旨は理由がない。」と述べる。

しかしながら、筆者は最高裁昭和49年12月20日第二小法廷判決が「当裁判所の判例」として引用した判例は筋違いであると考える。以下、「当裁判所の判例」として挙げられた最高裁判決を、一つずつ検討する。

まず、最高裁昭和25年2月1日大法廷判決刑集4巻2号73頁は、食糧管理法31条、9条、10条が命令に刑罰を定めることを委任していることが上告審において問題にされ、憲法73条6号但書にいう罰則の意義を明確化した判決である。最高裁は「憲法第73条6号但書においては、内閣の制定する「政令には、特にその法律の委任がある場合を除いては、罰則を設けることができない」と規定しているのであつて、これを裏から云えば、特に法律の委任がある場合においては、政令で罰則（すなわち犯罪構成要件及び刑を定める法規）を設けることができること及び法律は罰則を設けることを政令に委任することができることの趣旨を表明していることは、一点の疑いを挿む余地がない（行政官庁法第6条参照）」という。

次に、最高裁昭和33年7月9日大法廷判決刑集12巻11号2407号頁は、酒税法54条が帳簿記載義務、同法65条1号が帳簿記載義務違反に対する刑罰を定めているが、酒税法施行規則61条9号が記載事項とする必要のあるものを税務署長の指定に委ねていることが問題とされた事案である。最高裁は、「同54条は、その帳簿の記載等の義務の主体およびその義務の内容たる製造、貯蔵又は販売に関する事実を帳簿に記載すべきこと等を規定し、ただ、その義務の内容の一部たる記載事項の詳細を命令の定めるところに一任しているに過ぎないのであつて、立法権がかような権限を行政機関に賦与するがごときは憲法上差支ないことは、憲法73条6号本文および但書の規定に徴し明白である。そして、前記酒税法施行規則61条は、その1号ないし8号において、帳簿に記載すべき事項を具体的且つ詳細に規定しており、同条9号は、これらの規定に洩れた事項で、各地方の実状に即し記載事項とするを必要とするものを税務署長の指定に委せたものであつて、前記酒税法施行規則においてこのような規定を置いたとしても、前記酒税法54条の委任の趣旨に反しない」と述べている。

そして最後に、最高裁昭和37年5月30日大法廷判決は、いわゆる大阪市売春

防止条例事件と呼ばれ、地方自治法14条5項（当時）に条例で定め得る刑罰を包括的に委任することを合憲とした判決である。条例が「公選の議員をもって組織する地方公共団体の議会の議決を経て制定される自治立法であつて、行政府の制定する命令等とは性質を異にし、むしろ国民の公選した議員をもって組織する国会の議決を経て制定される法律に類するもの」と性格づけられている。

　こうして三つの最高裁大法廷判決要旨を検討して得られるのは、最高裁昭和49年12月20日第二小法廷判決が、都道府県知事の地位をどのように解しているのかが不明であることである。三番目に挙げた最高裁判例は、条例と罰則に関する判例であって、規則と罰則に関して何ら得られるところがない。一番目と二番目の判例では、法律の命令への委任、国の行政機関による命令定立が問題になっているが、最高裁昭和49年12月20日第二小法廷判決がこれらの判例を挙げるのは、機関委任事務の下であるから都道府県知事を国の機関として位置付けている、という意味であろうか。

　三番目の判例は、「公選の議員をもって組織する地方公共団体の議会の議決を経て制定される自治立法」である条例に対する罰則の包括委任に関するものである。条例と規則は、制定機関の違いが決定的な違いなのであって、それを考慮せずに地方公共団体の自主法という括り方で引用したとすれば、あまりにも安易である。あるいは、条例に対する罰則の委任の程度と比較する趣旨であろうか。

　最高裁昭和49年12月20日第二小法廷判決が、これら三つの判例を引用する意図を読み取ることは困難である。最高裁昭和49年12月20日第二小法廷判決は刑事事件であって行政事件に応えるものではない、と理解すべきであろう。

　時の法令に掲載された匿名の評釈も、判決に対する物足りなさを明らかにし、罰則委任の幅が相当に大幅であること、罰則の制定を委任された行政機関が農林大臣又は都道府県知事であるという点で、現存する罰則委任の立法例の中ではやや特異な存在であり、こういった委任を違憲とまではいわないが検討の余地ありとする。[41]

---

41)　S・H・E「漁業法第65条及び水産資源保護法第4条が罰則の制定を都道府県知事に委

結　び

　漁業法65条4項と水産資源保護法4条4項の規定の仕方を見れば、条例に認められた刑罰の種類、程度と比較して、低く抑えられたものとなっている。それは条例と規則の「格」の違いを意識したものかもしれない。しかし、そのように低く抑えた罰則は、違法な漁によって高い利益を挙げようとする者に対して、実際上の効果を期待し得るか否か、甚だ疑問である。端的にいって、儲けが大きければ10万円の罰金を覚悟し、6か月の懲役刑を受けても、違法な漁を繰り返すであろう。規則で規制内容を定めるとしても、規則で刑罰を科すのではなく、条例で刑罰を科すことによって罰則を強化する方向は考えられないのだろうか。[42]

　最高裁昭和49年12月20日第二小法廷判決は、国の機関として都道府県知事が見なされる限りにおいて、都道府県知事の定める規則に罰則として刑罰を設ける論拠となり得るかもしれない。しかし、機関委任事務制度が廃止された現行地方自治法において、この判決は規則で刑罰を科することの論拠にはならないであろう。機関委任事務制度が廃止された後も、住民の権利義務に関わる事項が条例によってではなく規則によって定められることは、規則でなければならない必要性ないしは合理性があれば首肯できる余地がある。しかしそれは、規則によって刑罰を科すことを認めることに直結しない。

　これまで法15条1項規則、法15条2項過料の研究上の蓄積も少なかった。「法令に特別の定めがある」場合に関する学界の関心も低かったのではないだろうか。今後、法15条2項は、過料のみならず刑罰を含む、長の罰則制定権の問題として議論されるべきであろう。

　　　任したことは憲法第31条に違反しない」時の法令899号（1975年）60頁以下参照。
　42)　同旨、S・H・E・前掲注（41）60頁。

第7章

過料処分と比例原則

I 過料処分と裁量権

1 財政罰としての過料

　上下水道の不正な使用に対して高額の過料処分が行われる事例は、各地に見られる。地方自治法（以下、法という）228条は、分担金、使用料、過入金および手数料を条例事項とすること（1項）、過料を罰則とすることを規定する（2項）。加えて3項に「詐欺その他不正の行為により、分担金、使用料、加入金又は手数料の徴収を免れた者」に関する規定を置き、条例で徴収を免れた金額の5倍に相当する金額以下の過料を科する規定を設けることができるとする。事業者が長期にわたり不正に高額の使用料を免れた場合、過料額が高額に及ぶことがあり、近年の例でいえば、名古屋地裁平成16年9月22日判決[1]が過料処分について比例原則を適用し、過料処分の一部を取り消した判決として注目を集めた。不正な手段を用いて長期（平成9年12月末頃から平成14年8月まで）にわたり約1881万円の下水道使用料の支払いを免れていたとして、公衆浴場の経営者が追加徴収分とは別に5643万8000円（徴収を免れた金額の3倍）の過料処分を受けた事例であった。

---

[1] 名古屋地裁平成16年9月22日判決判例タイムズ1203号144頁。

地方自治法が規定する過料の条文は、法14条3項、法15条2項、法228条2項および3項であるが、法228条3項以外は過料額5万円以下のものである。法228条3項のみが高額の過料処分となる可能性があり、しかも過料額の上限が法定されていない。斯様に高額な過料は、地方自治法制の中にあって異質なものである。筆者の問題意識を端的にいえば、「秩序罰」、「秩序罰＝過料を科すること」という図式、秩序を維持するという目的は、ときに高額となる法228条3項過料の趣旨を説明するには不十分である。

　法228条に規定された過料は、大正15年（1926年）市制町村制改正にルーツを持ち、他の二つの条文とは成り立ちが異なるものである[2]。筆者は、本書第5章および第6章において、戦前の市制町村制における過料、占領期のGHQの考え方、そして平成11年（1999年）地方分権改革による地方自治法改正を素材にして、地方自治法における各条の過料の性質を論じてきた。

　本章では研究成果を踏まえて、戦前に「秩序罰」ではなく「財政罰」という説明がなされていた法228条の趣旨を念頭に置いて、法228条に存する法的論点の検討を行う。

2　過料処分の選択肢

　法228条に基づき科される過料の場合、従来の過料論が論じていない論点が多くあり、不明な点が多々ある。法228条に規定された過料がはらむ問題性が顕在化するのは、上水道、下水道を事業者が長期間にわたって不正に使用していた場合である。前述した名古屋地裁平成16年9月22日判決の事例では、使用料を免れたとされた期間は5年に満たないが、他の地域には10年以上も不正が続いていた例がある。京都新聞2015年2月3日報道によれば、滋賀県甲良町の町営水道不正取水問題をめぐり、町が過料1540万円を科した事例がある。

　この事例で取り上げるべき論点は、過料処分と裁量権の有無、過料と時効の関係、過料処分に対する比例原則の適用の可否である。

2）　法14条3項は平成11年（1999年）地方自治法改正、法15条2項は昭和22年（1947年）12月12日地方自治法改正により、地方自治法にもたらされた条文である。

まず、裁量権の問題として、過料処分選択の問題が論じられなければならない。①法228条2項、3項過料を併科する、②2項過料のみを科する、③3項過料のみを科する、④過料を科さない、という四つの選択肢が考えられる。

過料と刑罰の併科については議論があるが、複数の過料を併科することについては議論が見られない。法228条2項過料は秩序を乱す行為自体を罰するものであり、3項過料は秩序を乱す行為によって引き起こされた損害ゆえに処罰しようとする。両者は別の問題であり、異なった目的を有するから、2項と3項の過料を併科することは、法的に妨げがないであろう。

しかしながら、常に2項と3項の過料を併科することが当然であるとは言い難い。実際上の問題として、長期間にわたり不正な利用が継続していた場合、その徴収を免れたことにより高額な過料が科されることで十分な制裁となるから、2項の規定を適用して当該不正行為に対する5万円以下の過料をあえて科するまでもないと、地方自治体が判断することはあり得よう。

では、その逆はどうだろうか。2項に基づいて当該不正行為に対して5万円以下の過料を科するのであるから、高額な過料を科さないという判断は法的に許容されるだろうか。この②の選択肢は、地方自治体の財産に多大な損害を与えることとなるため、許容されるものではないと思われる。それは④の選択肢が許容されないことと同様である。

法228条3項に規定された過料は、地方自治体収入の減損をめぐる罰則である。かつて財政罰と称され、行為に対する罰則、事業の保護・市町村収入の確保、同種の行為をしようとする者に対する威嚇効果という複数の機能を意図した条文である（本書第5章）。高額な損害が発生し、強制徴収が可能な制度が用意されているにもかかわらず過料を科さないという判断がなされたならば、住民は住民監査請求・住民訴訟を提起してその判断を争うべきであろう。

3）　田中利幸「行政制裁と刑罰との併科」平場安治ほか編『団藤重光博士古稀祝賀論文集第3巻』(有斐閣、1984年) 109頁以下参照。

Ⅱ　過料処分と時効

　法228条3項を根拠として定められた条例をめぐる下級審裁判例として、前述した名古屋地裁平成16年9月22日判決（下水道使用料を免れていた事例、春日井市下水道条例）、大津地裁平成27年2月3日判決（上水道使用料を免れていた事例、甲良町水道事業給水条例）がある。二つの裁判例は、過料に関する法律上の規定の不備、学問上の研究業績の蓄積の無さを反映し、過料の性質について不明な部分が多々現出しているが、それ故に、過料の性質に関する諸々の論点を提供する恰好の素材となる。

【事例1　下水道使用料】
　春日井市は、次のように事実認定して通知した。「被処分者株式会社Xは、「B」なる商号を使用して浴場経営を行う者であり、被処分者Aは、平成7年5月16日から平成14年6月29日までの間、被処分者株式会社Xの代表取締役の地位にあった者であるが、平成9年12月末ころ、被処分者Aにおいて、被処分者株式会社Xが、その下水道排除汚水量（井戸水の使用水量）を計量するために前記「B」の事業所敷地内に設置した量水器（井戸と下水道の中間に設置）を経由することなく排水できる本件不正配管を設置して、相当量の井戸水が前記量水器に捕捉されないで春日井市下水道に排水されるような配管工事を行い、春日井市下水道管理者春日井市長をして、前記量水器の表示する使用水量をもって正確な下水道排除汚水量であると誤信せしめ、その数値による「水道料金等納入通知書」を被処分者株式会社X宛に作成交付せしめて、被処分者株式会社Xがその全部を支払うという方法により、被処分者株式会社Xにおいて、平成9年12月末ころから平成14年8月8日までの間、本来、支払うべき下水道使用料1881万2890円（前記本件不正配管を経由した使用水量に対するもの）の徴収を、不正な手段で免れたものである。」

春日井市下水道条例　第6章　罰則（平24条例53・旧第5章繰下）
第24条　次の各号のいずれかに該当する者は、50,000円以下の過料を科する。
　⑴　第6条第1項又は第2項の規定による確認を受けないで排水設備等の工事を実施した者
　⑵　排水設備等の新設等を行った者で、第7条第1項の規定による届け出を行わなかった者
　⑶　第8条の規定に違反して排水設備等の新設等の工事を実施した者
　⑷　第9条、第9条の3又は第10条の規定に違反した使用者
　⑸　第11条又は第12条第1項若しくは第2項の規定による届け出を怠った者
　⑹　第15条の規定による資料の提出を求められ、これを拒否し、又は怠った者
　⑺　第19条第2項（第22条の2において準用する場合を含む。）の規定による指示に従わなかった者
　⑻　第6条第1項、第16条（第22条の2において準用する場合を含む。）の規定による申請書又は図書、第6条第2項本文、第11条又は第12条第1項若しくは第2項の規定による届出書、第14条第2項第5号の規定による申告書又は第15条の規定による資料で不実を記載して提出した申請者、届出者又は資料の提出者
（昭52条例19・昭55条例18・昭59条例14・平10条例12・平11条例11・一部改正）
第25条　詐欺その他不正の行為により使用料、占用料又は手数料の徴収を免れた者に対しては、その徴収を免れた金額の5倍に相当する金額（当該5倍に相当する金額が50,000円を超えないときは、50,000円とする。）以下の過料を科する。
（平11条例49・一部改正）
第26条　法人の代表者または法人もしくは人の代理人、使用人その他の従業者が、その法人または人の業務に関して前2条の違反行為をしたときは行為者を罰するほか、その法人または人に対しても、各本条の過料を科する。

【事例2　水道使用量】

　甲良町は、次のように事実認定して通知した。「貴殿は、平成12年8月4日付け水道使用異動届提出の日から平成23年11月14日までの間、自宅敷地内の水道管にバイパス管が設置され、メーターを通さずに取水できる状態のまま、メーターを通さずに一日当たり5立方メートルの水道水を不正に取水利用し、よって、水道料金相当額である3,089,250円の徴収を免れたものである（甲良町水道事業給水条例第40条、第38条）。したがって、貴殿に対して、同条例第40条に基づき、上記徴収を免れた金額の5倍に相当する金額15,446,250円の過料を科

することになります。」

甲良町水道事業給水条例（平成10年3月13日条例第11）抜粋
（家族等の行為に対する責任）
第38条　給水装置の使用者は、その家族、同居人、使用者その他従業者等の行為についても、この条例に定める責を負わなければならない。
（過料）
第39条　町長は、次の各号の一に該当する者に対し、50,000円以下の過料を科することができる。
　⑴　第6条の承認を受けないで、給水装置を新設、改造、修繕（法第16条の2第3項の厚生労働省令で定める給水装置の軽微な変更を除く。）または撤去した者
　⑵　正当な理由がなくて、第19条第2項のメーターの設置、第27条の使用水量の計量、第34条の検査、または第36条の給水の停止を拒み、または妨げた者
　⑶　第23条第1項の給水装置の管理義務を著しく怠った者
　⑷　第26条の料金、または第32条の手数料の徴収を免れようとして、詐欺その他不正の行為をした者
（料金を免れた者に対する過料）
第40条　町長は、詐欺その他、不正の行為によって第26条の料金または、第32条の手数料の徴収を免れた者に対し、徴収を免れた金額の5倍に相当する金額（当該5倍に相当する金額が50,000円を超えないときは、50,000円とする。）以下の過料を科することができる。

1　当該行為と公訴時効、当該行為と会計法上の時効

　上記二つの事例を用いて、まずは過料と時効の論点を整理したい。法228条に基づいて「分担金、使用料、加入金及び手数料」に関して定められる各地方自治体の条例には、法228条2項及び3項の過料規定を反映し、当該行為を罰する過料と「徴収を免れた金額」の5倍以下を科す過料の二種類が定められる[4]。ここで取り上げるのは、法228条2項に規定されている過料、甲良町水道

4）　当該行為について詳細に規定されている場合もあれば、抽象的に規定されている場合もある。たとえば、京都市下水道条例は「第23条　市長は、使用料の支払を免れようとした者に対して、50,000円以下の過料を科することができる。　2　市長は、詐欺その他不正の行為により使用料の支払を免れた者に対して、その支払を免れた金額の5倍に相当する金額（当該5倍に相当する金額が50,000円を超えないときは、50,000円とする。）

事業給水条例（以下、甲良町条例という）では39条各号に相当する過料である。甲良町の事例では、11年以上も不正な利用は継続していた。不正な行為が発覚した時点で、甲良町条例39条各号の過料を科すことが、時効との関係で可能か否かが問題となる。

　過料に関して、刑法総則、刑事訴訟法の適用はない[5]ということが、学説において古くからいわれている。したがって、甲良町の事例でいえば、公訴時効の適用が無いのであるから、甲良町条例39条各号の過料を科すことは可能であるといえよう。

　次に、刑事訴訟法の適用を受けないから過料を科すことは可能であるとしても、その徴収が可能か否か、という論点がある。会計法規における時効の問題である。

　会計法30条との関係に言及した大阪高裁昭和36年12月14日決定は、登記懈怠の会社の代表取締役に就任し、その登記をしないままで退任した者の過料処分が争われた商法違反事件である[6]。「本件処罰請求権は時効により消滅している即ち会計法第30条の時効の規定は国に対し又は国からの債権の消滅時期を定めたものであるところの本件の如く国が取得すべき過料金債権発生の原因となる裁判所の過料の裁判を受け之を納入すべき被審人の責任に付ても同じく国家の取得する債権の一種としてその規定の適用又は準用ありと解すべきである」という控訴理由に対して、裁判所は「秩序罰たる過料の制裁には会計法第30条の適用乃至準用はないものと解するのを相当するから（原文ママ）、抗告人の時効の主張は採用できない。」という。

　商法違反に対する過料は、田中二郎の分類に従えば、民事上の秩序罰に分類

　　　以下の過料を科することができる。」と定める。同様に京都市水道条例も「第27条　市長は、次の各号の一に該当する者に対して、50,000円以下の過料を科することができる。（1）料金の支払を免れようとした者　（2）給水装置の管理義務を著しく怠った者　2　市長は、詐欺その他不正の行為により料金の支払を免れた者に対して、その支払を免れた金額の5倍に相当する金額（当該5倍に相当する金額が50,000円を超えないときは、50,000円とする。）以下の過料を科することができる。」と定めるのみである。
5）　塩野宏『行政法Ⅰ　行政法総論　第6版』（有斐閣、2015年）275頁。
6）　大阪高裁昭和36年12月14日決定判例時報292号26頁以下。

される過料であるが、非訟事件手続法に基づいて裁判所が科する過料の時効を、民事上の秩序罰と行政上の秩序罰という分類の違いで区別する理由はない。かかる時効についての考え方は、行政上の秩序罰にも同様に、当然当てはまる。また、裁判所が科する過料に国の会計法の時効の適用がないのであれば、地方自治体が過料を科する場合、地方自治法上の時効（236条）の適用もないといえるのではないだろうか。

2 算定の基礎「その徴収を免れた金額」と時効

　法228条3項は、詐欺その他不正な行為によって徴収を免れた場合、「その徴収を免れた金額」を算定の基礎として過料処分を科するものである。その徴収を免れた金額に、既に時効となっている分を含めることは可能か否かという論点がある。そもそも時効により使用料として徴収できない分を、過料処分としてならば強制徴収も可能となると解することは、不合理であると思われる。「その徴収を免れた金額」の算定の基礎に、地方自治法上の時効にかかる分は含まれないと解すべきであろう[7]。

　問題となるのは、使用料徴収にあたって、その債権の性質が私法上の金銭債権であると解される場合である。下水道使用料は地方自治法上の時効の適用を受け、行政上の強制徴収を認められた公法上の債権であるが（法231条の3第1項、法附則第6条第3号）、他方、水道使用料はそれと異なり、私法上の金銭債権であって、そもそも行政上の強制徴収をすることができない。

　大津地裁平成27年2月3日判決は、水道料金債権を私法上の金銭債権であるとして、民法173条の消滅時効期間を適用している（最高裁平成15年10月10日第二小法廷決定）。そして「その徴収を免れた金額」を過料処分から遡って2年間を基準として算定しているが、条例に従って科された「その徴収を免れた金額」の5倍に相当する金額以下の「過料」は、過料は法231条の3第3項により行政上の強制徴収を認められているのであるから、行政上の強制徴収の適用を受け

---

[7]　行政実務もこの考え方をとっている。松本英昭『逐条地方自治法』（学陽書房、2001年）696頁、地方自治制度研究会編『地方自治関係実例判例集　第14次改定版』（ぎょうせい、2006年）1105頁。

ることとなる。

Ⅲ 過料処分と比例原則

1 過料と主観的要件
1 発想の相違——行政法学の議論と商法の議論

　そもそも過料を科すにあたり、どのような基本原則が適用になるかが明らかでない。いわゆる行政上の秩序罰に分類される過料は、個別法に散在することから多種多様であって、その性質を比較することが難しい。他方、民事上の過料には法典の中に列挙されたものもあった。商法は、明治32年法改正当時、刑罰をなくし、過料を科する規定のみをもって会社法の規定の遵守を図る構成をとり、商法典に再び刑罰が加えられたのは昭和13年（1938年）法改正であった。新たに制定された会社法（平成17年法律第86号）では第八編罰則に規定されている。行政上の過料の性質を得ようとする場合には、刑罰との対比のみならず、過料の裁判例が古くから存する民事上の過料との共通項も探るべきである[8]。

　行政法学には、行政上の秩序罰である過料に主観的要件を要するか否か、という議論が古くからある。行政法学の議論は、行政上の秩序罰である過料一般に妥当する原則を得ようとするものである。これに対して商法の議論は、個別の条項に即して主観的要件を要するもの、不要なものを区分しようとする[9]。会社法976条には35の過料が規定されているが、すべてに主観的要件が必要であると解されているわけではない。

　翻って行政法規における過料の規定の仕方をみれば、形式的な手続的義務違反に対するものから、執行罰に近いもの、そして実質的に刑罰代替的に用いられるものまである。これらを一括りにして主観的要件の要否を議論すること

---

[8] 会社法上の規範をエンフォースする手段としての過料の問題点について、山田泰弘「はじめに——会社法秩序の変容とその規律手段としての刑事法」山田泰弘・伊東研祐編『会社法罰則の検証』（日本評論社、2015年）14頁以下、松井智予「第2章　行政罰によるエンフォース——過料（行政罰）によるエンフォースの意義」同書173頁以下参照。

[9] 谷川久「第7章　罰則」『新版注釈会社法（13）』（有斐閣、1990年）555頁以下参照。

は、刑罰と対比して議論するという以外に、その意義に乏しいのではないだろうか。

2 手続法に見られる区別

手続法である非訟事件手続法の運用においても、形式的な手続的義務違反による過料事件は区別して考えられている。形式的な手続的義務違反の場合、主観的要件を問わず、法令違反の事実が極めて明白であることで足りるものとされている。

非訟事件手続法122条1項は「裁判所は、第百二十条第二項の規定にかかわらず、相当と認めるときは、当事者の陳述を聴かないで過料についての裁判をすることができる。裁判所は、第百二十条第二項の規定にかかわらず、相当と認めるときは、当事者の陳述を聴かないで過料についての裁判をすることができる。」と定める。かかる略式裁判に相当するとされるのが、「登記懈怠や戸籍の届出期間の不遵守など」「法令違反の事実が極めて明白であって、当事者に何らの弁明の余地もないと考えられるもの[10]」である。

2 比例原則適用の可否

名古屋地裁平成16年9月22日判決は、【事例1　下水道使用料】について、過料処分に比例原則を適用した判決として紹介される[11]。しかし、その比例原則の内容理解および適用の仕方において、多くの問題点を含んでいる。

1 過料処分と比例原則

名古屋地裁平成16年9月22日判決は、「法は、上記のような行政目的を達成するため、複数の種類の手段ないし一定範囲の効果をもたらす手段を用意することが通例であるところ、このうちどのような手段を採用すべきかは、第一次的には当該行政目的の実現について権限及び責務を有する行政庁が、その政策的、専門的見地に基づいて判断すべきであり、この意味において、当該行政庁に一定の裁量権が与えられていることは否定できない。」「国民に義務を課し、

---

10) 金子修編著『逐条解説　非訟事件手続法』(商事法務、2015年) 414頁。
11) 曽和俊文『行政法総論を学ぶ』(有斐閣、2014年) 388頁以下。

権利・利益を制限する、いわゆる侵害処分を内容とする場合」、「当該侵害処分が正当化されるのは、それが上記行政目的の達成に必要と認められる上に、国民にもたらされる不利益の程度が、目的達成のために最小限度のものであることを要するというべきであり、かかる意味での比例原則が妥当することは、憲法13条の解釈上あるいは条理上、明らかというべきである。したがって、行政庁が、その裁量権を逸脱ないし濫用し、社会通念上著しく妥当性を欠く侵害処分を行った場合には、当該処分は違法となると解される」と述べる。

この判決は、罰則を科す過料処分と他の一般的な規制的処分を区別せず、裁量権を所与のものとして比例原則を適用している。筆者は、両者を区別したうえで比例原則の適用をするべきであると考えるが、学説・判例における裁量統制論を振り返れば、これまで罰則を科す過料処分に裁量権が認められるか否か、ないしは罰則を科す過料処分と一般的な規制的処分における裁量権の行使の異同について、学界における議論の蓄積が無いことに気づかされる。

日本法における比例原則は、大別して、手段選択として必要最少限の規制を要請する「必要性の原則」と、処分事由と処分の釣り合いを要請する「狭義の比例原則」から構成されている。[12] 名古屋地裁平成16年9月22日判決は、行政目的を達成するための手段選択について、行政庁に一定の裁量権が与えられているとして、比例原則を手段選択の原則、必要性の原則として理解している点に特徴がある。

比例原則は行政上の一般原則であるから、不利益処分である過料処分に対して適用可能であることは言うまでもないが、過料処分に適用されるのは手段選択の原則ではない。過料は罰則であるから、その罰則が被処分者にとって必要最小限度であることを要請されることはないからである。比例原則が適用されるとすれば、非違行為に対する懲戒処分と同様に、処分事由と処分の釣り合いを求め、「過度な」(重すぎる) 処分を排する「狭義の比例原則」である。

2 法228条と比例原則

名古屋地裁平成16年9月22日判決がとった判断枠組みは、二つの点において

[12) 須藤陽子『比例原則の現代的意義と機能』(法律文化社、2010年)。

特色がある。一つは、法定されていない過料額の上限を地方税法上の重加算金および脱税罪を引き合いに出して導こうとすること、そして、他の過料規定との比較において特異ともいうべき法228条3項過料処分の目的を、裁量判断の枠組みにおいて達成すべき「行政目的」として位置付けることである。

「地方自治法228条3項及びこれを受けた本件条例25条の規定と、地方税法所定の重加算金及び脱税罪の各規定とでは、適正な徴収の確保という共通する目的を有しているにもかかわらず、過料の上限の決定方法と重加算金ないし脱税の罰金刑のそれとが異なり、後者に比して前者の上限が高く設定されていることに照らすと、前者の処分を行うに際して後者の上限を超える金額の過料を科すには、それを正当と認めるに足りる情状（の悪質さ）の存在を必要とすると解され」、「原告は、本件不正工事の発覚後は速やかに本件不正配管の撤去・復旧工事を行った上で、被告の調査にも全面的に協力していること、不正免脱に係る下水道使用料については、分割払によって納付する旨の合意が成立し、現在、原告はこれを履行していることなどの事情を総合考慮すると、下水道の使用料の徴収を免れるための不正を防止し、適正な使用料の徴収を確保するという行政目的を達成するためには、原告に対して不正免脱金額の2倍に相当する3762万5000円の過料を科すことで足りると考えられ、したがって、本件処分のうちこれを超える部分については、その裁量権を逸脱したものと判断するのが相当」と述べる。

しかしながら、判決が示した2倍で足りるという結論は、合理性に欠けると思われる。比例原則を挙げるだけでは、結論の合理性は担保されないからである。なぜ条例どおりの3倍ならば過度となり、2倍なら良いのかを示さなければならない。判決は行政庁に裁量権を認めて裁量統制として過料処分の過度な部分を取り消すといいながら、その実、裁判所が行政庁に代わって過料額を決定しているかのように見える。

法228条3項過料は、地方自治法に置かれた歴史的沿革や過料の目的からすれば、地方自治法における他の過料規定と同列に並べることができないものである。「その徴収を免れた金額」が算定の基礎であり、過料額は徴収を免れようとした行為の悪質さ（巧妙さ、不正水量など）、免れた期間の長短に応じた額と

なり、被処分者の行為の質・量の側面を反映したものとなる。また、地方自治法における他の過料額の上限が「5万円以下」と法定されているのに対して上限額が法定されていないが、前述したように、金銭債権の時効により上限は画される。法定されていないことが無限定であることを意味するものではない。

結び　過料処分と適正手続

　名古屋地裁平成16年9月22日判決では、処分基準について言及がない。判決は過料額の「限度」画定に苦心しているように見えるが、それは春日井市が過料処分についての処分基準を定めていなかったせいではないかと思われる。はたして、一般に、地方自治体は過料処分の処分基準を定めているであろうか[13]。

　行政手続法「第三章　不利益処分」は過料処分を適用除外とするものではないが、不利益処分でありながら、行政手続法においては過料処分について手続的保障が非常に薄い。

　処分基準の設定、公表について、法228条3項「徴収を免れた金額の5倍に相当する金額以下の過料」という規定ぶりからすれば、過料額の幅は非常に広く、換言すれば、裁量権が広く設定されるのであるから処分基準の設定、公表が必要なはずであるが、地方自治体では設定、公表されていないことが多いであろう。

　意見陳述の手続については、行政手続法13条1項の適用除外となる。行政手続法13条2項4号「納付すべき金銭の額を確定し、一定の額の金銭の納付を命じ、又は金銭の給付決定の取消しその他の金銭の給付を制限する不利益処分をしようとするとき。」に該当するからである。つまり、法255条の3第1項「普通地方公共団体の長が過料の処分をしようとする場合においては、過料の処分を受ける者に対し、あらかじめその旨を告知するとともに、弁明の機会を与えなければならない。」が過料の科罰手続の規定となり、手続的保障とは「告知と

---

[13]　碓井光明「地方公共団体の科す過料に関する考察」明治大学法科大学院論集16号（2015年）79頁以下参照。

弁明」を意味することとなる。事例1、事例2のように、1千万円を超える過料額となる場合であっても「5万円以下」の過料処分と区別することなく、告知と弁明という手続になり、聴聞手続に該当せず、簡易な手続にとどまる。

　行政手続法がそもそも金銭罰について手続的保障を薄くしていることについて、その理由を考究するべきであろう。

終　章

過料とは何か

1　なぜ過料なのか

　過料とは何か。この問いに答えるべく、本書は立法史と学説史の両面から考察を重ねてきた。過料の由来をたどれば、「過料とは何か」という問いと、「なぜ過料なのか」という問いは、重なる部分が大きい。過料という金銭罰を案出した理由が、過料の性質を説明することにつながるからである。

　端的にいえば、過料は罰則を刑罰（罰金、科料）とすることが不都合であるから案出されたものである。現代において、そもそも「過料とは何か」という問いに答えることが難しいのは、刑罰および科罰手続に関する前提が現行法（明治40年刑法）と明治13年旧刑法下では大きく異なり、過料という罰則を案出した明治13年旧刑法下の議論を理解することが困難になったからである。

　わが国最初の商法典である明治23年商法が取り入れた過料は、外国法に学んだものではなく、あくまで日本法の土壌で案出されたものである。明治23年商法の立法過程をたどれば、「ロエスレル氏起草商法草案」総則第三章株式会社第十七款罰則に用いられていたのは罰金であった。過料が取り入れられたのは、商法における罰則を治罪法が適用される刑罰としたくない、罰金を納めることができないときに労役場留置とされることを避けたい、商法違反行為の性質と程度からすれば治罪法という重い手続をとるまでもないものがある、と考えられたことによるものであった。

　治罪法の適用を外すということであれば、罰金よりも低額の金銭罰である科

料という刑罰があったが、かつて科料は、低額な金銭罰、かつ、治罪法ではなく違警罪即決例という手続をとるものであった。明治13年旧刑法は犯罪を重罪、軽罪、違警罪に分け、罰金を軽罪の主刑とし、科料を違警罪の主刑としていたため、もし罰則を科料とすれば、商法違反は違警罪に相当することになる。立法者が科料を選択しなかったのは、商法違反を違警罪とみなされたくなかったからであろう。

　上記は明治13年旧刑法下での議論である。過料は、刑法が明治13年旧刑法から明治40年刑法へと変わったことにより、導入当時の過料の姿が見えにくいものとなった。

　明治13年旧刑法5条には「此刑法ニ正條ナクシテ他ノ法律規則ニ刑名アル者ハ各其法律規則ニ從フ」とあり、刑法に刑名のない刑罰であり得ることは過料の一側面であった。明治23年商法、明治29年民法、明治32年商法の制定において、立法者は過料の性質について明言せず、刑法上の刑罰とは異なるというのみであるが、当時の民法、商法の逐条解説書の中には過料を刑罰と解しているものがある。[1] このように解する余地もあり得たのであるが、明治40年刑法9条が刑の種類を限定したことによって、過料は刑法以外の他の法律規則にあった「刑名アル者」の側面を、すなわち刑罰としての性質を失うこととなった。

　そして明治40年刑法によって、科料ではなく過料を罰則に用いる理由も見えにくくなった。科料という刑罰の位置付けが、明治13年旧刑法と明治40年刑法では大きく変わったからである。

　明治40年刑法は重罪、軽罪、違警罪という犯罪の三分類を廃止し、刑法から違警罪が消えたが、違警罪の主刑であった科料という刑罰は存置された。これによって明治40年刑法において、刑法上、罰金と科料は「貨幣価値の剥奪を内容とする刑罰であり又同一の方法に基づき執行せらるる刑罰」であり、実質的差異は存在しないと解されるようになった。[2]「なぜ科料ではないのか」と問わ

---

1)　岡松参太郎『訂正二版　註釈民法理由』(有斐閣書房、1897年) 140頁、安東俊明・古閑又五郎『改正商法講義』(丁酉社、1899年) 183頁。
2)　太田耐造『財産刑に就いて』司法研究第八十輯報告書集十一 (司法省調査課、1934年) 126頁。

れれば「違警罪とすることを避けるため」と答えられたものが、科料が違警罪の主刑ではなくなったことにより、刑法との関係において、この理由は通用しなくなったのである。

しかしながら、罰金と科料について刑法上の財産刑としての質的差異はなくなったとしても、行政法(警察法)の観点からすれば、罰金と科料の適用・運用上の差異は、昭和23年(1948年)まで存続している。科料を主刑とする違警罪が刑法からなくなっても、手続法上違警罪は存続したからである。新たに定められた警察犯処罰令(明治41年内務省令16号)に科料と拘留が刑罰として規定され、警察罰として機能した。

警察署長が行政処分の形式で刑罰を科することを認める違警罪即決例を手続法とする警察犯処罰令は、占領期に法律という形式をとり、なお昭和23年(1948年)まで存続している(違警罪即決例と警察犯処罰令が廃止された時期は異なる)。戦前に個別行政法規に罰則として科料ではなく過料が用いられているものがあるとすれば、警察犯処罰令および違警罪即決例の存在ゆえ、違警罪即決例の適用を避ける意味があったのではないだろうか。

2 法令用語としての過料

1 過料の目的

法律に規定された過料は多様である。それらは刑罰ではないという点において共通しているが、過料を用いる目的が異なる。

明治の過料導入期の法律を例にとろう。明治23年商法、明治29年民法、明治32年商法、戸籍法(明治31年法律第12号)、行政執行法(明治33年法律第84号)が過料を採用している。これらに用いられている過料は、「罰」という点に着眼すれば、過去の義務違反に対する制裁のための罰(明治23年商法、明治29年民法84条、明治32年商法、戸籍法210条)[3]、懲戒のための罰(戸籍法213条)[4]、将来に向かっ

---

3) 第二百十條　本法ノ規定ニヨリ期間内ニ爲スヘキ届出又ハ申請ヲ怠リタル者ハ十圓以下ノ過料ニ處セラル

4) 第二百十三條　戸籍吏ハ左ノ場合ニ於テ三十圓以下ノ過料ニ處セラル
　一　正當ノ理由ナクシテ身分登記簿又ハ戸籍簿ノ閲覧ヲ拒ミタルトキ

て義務の履行を強制するための罰（強制罰ないし執行罰。行政執行法）に分類される。

　明治の導入時期に過料を採用したこれらの法律は、行政執行法が廃止され、執行罰という行政上の強制手段が低評価ゆえに戦後用いられなくなったことを除いて、現代法にあっても過料の仕組みは基本的に維持され、非訟事件手続法を手続法としている[5]

　過料は、「過料」という金銭罰自体に特別な意味を持たせたものではない。過料という「文字」を採用したのだと穂積陳重は説明し[6]、その性質は過料を用いる目的によって異なる。刑罰（罰金、科料）ではないことを強調し[7]、罰金、科料以外の金銭罰に「過料」と名付けたものである。

2　懲戒罰としての過料

　過料は懲戒にも用いられている。懲戒罰として用いられる過料は、懲戒のために用いられる点を除いて共通項を見いだすことが難しい。過料について、明治以来の古い規定が残るもの（公証人法）、明治以来の考え方を踏襲するもの（戸籍法）、あるいは日本国憲法との関係で過料としたもの（裁判官分限法）など、その仕組みの由来が異なるからである。

　戸籍法の過料は、明治31年戸籍法制定時から非訟事件手続法を科罰の手続法とするが（明治31年戸籍法214条）、公証人法（明治41年法律第53号）80条2号「十万

　　　二　正當ノ理由ナクシテ身分登記又ハ戸籍ノ謄本若クハ抄本ヲ交付セス又ハ身分若クハ戸籍ニ關スル届出又ハ申請ノ受理ノ證明書ヲ交付セサルトキ

5）　会社法（平成17年法律第86号）、一般社団法人及び一般財団法人に関する法律（平成18年法律第48号。平成18年に民法84条は削除され、法人の設立・管理・解散に関する同法に移された）、戸籍法（昭和22年法律第224号）。現代では、これらに加えて、第5章・第6章・第7章で詳述した地方自治法（14条3項、15条2項、228条）の三種の過料と、裁判所が用いる秩序維持のための過料（民事訴訟法209条・刑事訴訟法137条、150条、160条）、および民事執行法（172条、173条）に規定された強制のための過料がある。地方自治法に基づく過料は、地方自治法255条の3に基づき、長の行政処分の形式をとって科される。裁判所が関与しない科罰手続である点に特徴がある。

6）　第9回帝国議会衆議院民法中修正案委員会速記録第3号明治29年（1896年）3月3日23頁。

7）　大庭重治・皆木卜一郎著『行政執行法同法施行令詳解』（榊原書店、1900年）115頁。

円以下ノ過料」は、81条「過料、停職、転属及免職ハ第十三条ノ二ノ政令ヲ以テ定ムル審議会[8]等ノ議決ニ依リ法務大臣之ヲ行フ」に基づいて行政処分の形式をとって科せられる。これに対して裁判官分限法（昭和22年法律第127号）2条「一万円以下ノ過料」[9]は、高等裁判所において5人の裁判官の合議体で審理され、最高裁判所においては大法廷で取り扱われる（4条）[10]。

　裁判官分限法に定める手続が手厚いのは、裁判官の身分が日本国憲法78条によって保障されたことによる。日本国憲法78条は、裁判官が心身の故障のために職務をとることができない場合においても、裁判によってその認定がなされなければ罷免ができず、裁判官の懲戒処分は行政機関がこれを行うことができない旨を規定している。

　明治憲法下の判事懲戒法によれば、裁判官の懲戒は免職、停職、転所、減俸、譴責の五種であったが、免職および停職は日本国憲法78条の規定に牴触し、転所については、裁判官の地位に鑑み、罰則としては不適当であるとされた。減俸も日本国憲法79条6項および80条2項に牴触するとして廃止され、戒

8） 公証人法第十三条ノ二の審議会等を定める政令（昭和59年政令第222号）
　　内閣は、公証人法（明治41年法律第53号）第十三条ノ二の規定に基づき、この政令を制定する。
　　公証人法第十三条ノ二の政令で定める審議会等は、検察官・公証人特別任用等審査会とする。

9） 第1回国会昭和22年（1947年）10月11日司法委員会において、政府委員は懲戒として科せられる過料を「秩序罰」であるという説明をしている。
　　法関係における秩序維持という点に着眼して、懲戒罰としての過料も「秩序罰」と説明したのかもしれない。しかし、懲戒罰に用いられる過料も「秩序罰」とすることは承服し難い。何にでも「秩序維持」は必要なのであって（行政上の秩序罰、訴訟手続上の秩序罰など）、秩序維持という目的と過料が用いられているという観点からのみの説明では、かえって「秩序罰」なる概念（筆者は概念というほどの内容はないと考える）には中身がないことになろう。

10） 裁判官の分限事件として、仙台地方裁判所判事補がいわゆる組織的犯罪対策法案の反対集会に参加して行った言動に関するものがある。戒告について争った事件である。通常は法律審として事実認定には立ち入らない最高裁判所が、一般の決定手続における第二審と同様に証拠に基づいて自ら事実認定を行う。最高裁大法廷平成10年12月1日決定民集52巻9号1761頁。分限の手続について、大橋寛・[37]最高裁判所判例解説民事篇平成10年962頁以下参照。

告および過料が採用された。裁判所の組織、管轄および手続のうち、極めて重要な事項のみを法律が定め、その他は原則的に最高裁判所の定める規定に委ねることとされたが、この種の裁判は裁判所の内部規律に関するものであって、なるべく裁判所の自律に任ずるのが適当と考えられたからである[11]。

なぜ過料なのか。過料とすれば、過料の徴収手続に非訟事件手続法の手続を適用する仕組みを採ることができ、裁判官の報酬を減額することを認めない日本国憲法80条2項に抵触することを避けることができる。裁判官の分限に過料を用いる場合、このような点に利点が現れる。

懲戒として過料を科する意義と手続は、その身分、職務によって異なっている。佐々木惣一、美濃部達吉、田中二郎の「行政罰」の理解に即していえば、懲戒罰は「行政罰」に含まれない。制裁としての過料が一般権力関係におけるものであるのに対して、懲戒罰は特別権力関係において適用されるから「行政罰」には含まれないと説明される。しかし、現代行政法学は特別権力関係なるものを否定しようと努めてきたのであって、無批判に明治以来の懲戒罰に関する説明を受け入れるべきではない。

たとえば、戸籍法に規定される懲戒罰としての過料[12]は、特別権力関係に適用されると説明されながら、懲戒権者ではなく裁判所が科することとなっている[13]。この点において、公務員関係の懲戒とは異なっている。

また、国と市町村長の関係を特別権力関係として説明することは、平成11年

---

11) 第1回国会昭和22年（1947年）10月2日司法委員会第43号。
12) 戸籍法（昭和22年法律第224号）
　　第百三十七条　次の場合には、市町村長を十万円以下の過料に処する。
　　　一　正当な理由がなくて届出又は申請を受理しないとき。
　　　二　戸籍の記載又は記録をすることを怠つたとき。
　　　三　正当な理由がなくて届書その他受理した書類の閲覧を拒んだとき。
　　　四　正当な理由がなくて戸籍謄本等、除籍謄本等、第四十八条第一項若しくは第二項（これらの規定を第百十七条において準用する場合を含む。）の証明書又は第百二十条第一項の書面を交付しないとき。
　　　五　その他戸籍事件について職務を怠つたとき。
13) 新しい非訟事件手続法の下での戸籍法137条5号に関する即時抗告事件として、さいたま地裁平成23年9月5日民事第五部決定判例時報2138号85頁がある。

(1999年)地方分権後の説明の仕方として不適切である。平成11年地方自治法改正において、国と市町村は対等な関係と位置付けられ、市町村長を国の機関とみなす機関委任事務は廃止され、戸籍事務は第二種法定受託事務となった。このような法改正を経て、法務大臣と市町村長の関係を特別権力関係論で説明することは合理的ではない。市町村長に科される戸籍法137条の過料を特別権力関係における懲戒罰として説明することを見直すべきであろう。

3　再考：最高裁昭和41年12月27日大法廷決定——過料を科する作用の性質

　最高裁昭和41年12月27日大法廷決定(以下、昭和41年最高裁大法廷決定という)は、非訟事件手続法206条[14](平成23年改正前)以下に規定された過料の裁判の合憲性(憲法31条、32条、82条)について判断した、公にされた最高裁判例としては最初のものである[15]。本書第5章は、昭和41年最高裁大法廷決定が過料の科罰手続と憲法31条適正手続に言及した部分を引用したが、終章では、憲法32条・82条違反をいう抗告理由に対して、過料の裁判を公開の法廷および判決とする必要がないことを結論付けた論拠を問い直したい。

　昭和41年最高裁大法廷決定は、登記の懈怠に対する民法84条1号(平成18年改正前)の過料について判示している。「民事上の秩序罰としての過料を科する作用は、国家のいわゆる後見的民事監督の作用であり、その実質においては、一種の行政処分としての性質を有するものであるから、必ずしも裁判所がこれを科することを憲法上の要件とするものではなく、行政庁がこれを科する(地方自治法149条3号、255条の2参照)ことにしても、なんら違憲とすべき理由はない。従つて、法律上、裁判所がこれを科することにしている場合でも、過料を科する作用は、もともと純然たる訴訟事件としての性質の認められる刑事制裁を科する作用とは異なるのであるから、憲法82条、32条の定めるところによ

---

14)　非訟事件手続法(明治23年法律95号)は、当初、過料の裁判に関する規定を有せず、明治23年商法の罰則に関する手続の根拠は明治23年商法に条文が置かれていた。明治31年非訟事件手続法全面改正(明治31年法律第14号)。現行非訟事件手続法は平成23年に制定された(平成23年法律第51号)。
15)　最高裁昭和41年12月27日大法廷決定民集20巻10号2279頁。

り、公開の法廷における対審及び判決によつて行なわれなければならないものではない。」と述べる。

1 論拠の欠如

　上記昭和41年最高裁大法廷決定の説示には幾つもの疑問符が付く。過料を科する作用の性質を「一種の行政処分としての性質を有するもの」とする論拠は何か。なぜ刑罰を科するのが純然たる訴訟事件で、過料を科するのがなぜそうではなく行政作用だとされるのか。

　最高裁調査官解説も、上記の疑問を明らかにする。「要するに、過料を科するのは「後見的民事監督の作用」だから一種の行政処分だというのであり、なぜ「後見的民事監督の作用」なのかといえば、それは法人について登記義務の励行を目的とする作用だからだというのである。決定理由としては以上の説示だけで、なぜそれが司法作用と性質を異にする行政作用だということになるのかについては読む者の解釈にゆだねられているわけである[16]」と指摘する。「読む者の解釈にゆだねられている」とする調査官の書きぶりは穏当な表現に見えるが、合憲・違憲の判断の論拠を「読む者の解釈にゆだねられている[17]」とするのであるから、筆者には痛烈な批判にも見える。

　昭和41年最高裁大法廷決定の判示に論拠が欠けていたことは、反対意見において入江俊郎最高裁判事も指摘する。「過料の制度については、従来から遺憾

---

[16] 中野次雄「111 一 非訟事件手続法による過料の裁判の合憲性 二 前項の裁判に対する不服申立についての裁判の合憲性」『最高裁判所判例解説民事篇昭和41年度』（法曹会、1973年）581頁。

[17] 中野・前掲注（16）581頁。調査官の私見と断ったうえで、「行政作用であるとされた理由は、過料を科することがもっぱら「義務の励行」を目的とする点にあるのではあるまいか。なぜなら、そこには、その義務が登記義務であり、その登記義務は「法人に対する私権関係の形成の安全化を助長しもって私法秩序の安定を期する」ためのものだということが説示されてはいるけれども、秩序罰たる過料一般についていえば、私法秩序の維持だけを目的とするとは限らず、公法秩序維持のためにも科せられるのであるから、右の私法秩序云云という説示部分が過料の本質を説明したものとは考えにくく、むしろ法秩序維持のため法の定める義務を励行させるために過料を科する、それが国家の後見的監督作用なのだ、というところに重点があるように思われるからである。」という見解が示されている。

終　章　過料とは何か

ながら実務的にも法律学的にも立法政策的にも、必ずしも未だ充分の考察がなされていない」「本件に包含された憲法上の論点につき疑いを有する者にとっては、多数意見は未だ必ずしも充分の説得力を持つものとはいえないと思う。わたくしは、本問題について、学者、実務家、立法機関等の今後における充分な研究を切に期待する」と述べる。

2　民法84条過料の性質および過料を用いる目的

田中二郎最高裁判事、岩田誠最高裁判事は、最高裁決定の結論に賛成しつつ、補足意見を出している[18]。下記補足意見中に、過料の性質、過料事件の性質に関する田中二郎最高裁判事の理解が示されている。

「本件の過料事件の性質を考えるにあたって問題になるのは、むしろ刑事訴訟事件と非訟事件との区別および限界の問題であるともいえよう。ところで、秩序罰としての過料は、一種の財産的な制裁であつて、その性質上、刑罰にちかいものであるという考え方を徹底すると、過料を科する手続そのものについても、公開・対審の原則を認めなければ、憲法82条、32条に違反するとの考え方の出てくる余地がないとはいえないであろう。しかし、本件のような過料を科する作用は、国家のいわゆる後見的民事監督の作用であり、司法機関たる裁判所がこれを科する場合でも、その実質においては、一種の行政処分としての性質を有するものであること、従つて、これを科する手続について、公開・対審の原則が適用されないことは、恐らく異論のないところといつてよいであろう。それは、過料を科する作用が刑罰を科する作用とは異なり、非訟事件性を有すると考えられるからにほかならない。」

補足意見は、民法84条に定められた過料が「一種の財産的な制裁」「刑罰に近いもの」であれば、憲法82条、32条に違反するとの考え方の出てくる余地があるという。過料の性質が問題だとしつつも、民法84条が過料を科する目的として後見的民事監督を挙げることによって結論づけようとする。調査官解説によれば、後見的民事監督とは法人について登記義務の励行を目的とするものであ

---

18)　過料の決定に対する不服申立手続において公開の対審が認められていないことも憲法82条・32条に反しないとする点（裁判所のした過料の裁判を別訴の提起により覆すことも許されない）に関するものである。

るが、民法84条に過料を設けた目的を、何を根拠に後見的民事監督というのであろうか。

　民法修正案理由書によれば、84条の目的は職務を怠った者に対する制裁である。「本條ハ法人ノ理事、監事又ハ清算人カ本章ノ規定ニ反シ其職務ヲ怠リタルカ爲メニ公益ヲ害スヘキ場合ヲ列擧シテ之ニ制裁ヲ附シタルモノナリ」とある。第9回帝国議会衆議院民法中修正案委員会において政府委員穂積陳重も、「前ノ三十條ノ法人ニ關スル規定トガドウシテモ行ハレナイ、行ハレマシテモ其制裁ガナイト云フコトニナリマスカラ、其取締──民法上ノ制裁ヲ附シマスタメニ設ケマシタモノデアリマスカラ」と述べる。登記義務の励行という意味での後見的民事監督と警察作用を意味する取締では、根本的にその意味合いは異なるものである。

　また、前述したように、明治13年旧刑法下で導入された過料は、明治40年刑法下に制定された法律の過料とは異なって、刑罰としての側面を有するものであった。第9回帝国議会衆議院民法中修正案委員会での議論を見ても、政府委員穂積陳重が、民法の罰則だから刑法の文字を避けるために「過料」という文字を使うと説明するのに対して、議員はこの説明に納得せず、やはり罰金とすべきだ、刑法にある罰金という文字を使ってもいいではないか、という意見を述べている。

　手続について、刑事訴訟手続に依らないメリットがあるから刑事訴訟手続を外すのであって、政府委員穂積陳重は「民法上ノ罰則デアツテ、普通ノ刑事訴訟手續ニ依リマセズシテ、特別ナル裁判所ノ命令ニ依ツテ之ヲ科スコトガ出來マス」と説明する。刑事訴訟手続を外し、裁判ではなく「特別ナル裁判所ノ命

---

19)　『民法修正案理由書　第1-第3編』(八尾新助、1898年) 65頁以下参照 (国立国会図書館デジタルコレクション)。
20)　第9回帝国議会衆議院民法中修正案委員会速記録第3号明治29年 (1896年) 3月3日23頁。
21)　前掲注 (20) 24頁。
22)　前掲注 (20) 23頁。
　　伊東乾・饗場元彦「昭四一33　非訟事件手続法による過料の裁判の合憲性、前項の裁判に対する不服申立についての裁判の合憲性」最高裁民訴事例研究56法学研究41巻8号

終　章　過料とは何か

令」で科すことができるものとするが、明治29年民法における過料は、刑罰の側面を否定することができないものであった。民法84条の「過料」をめぐり、実体と手続について、斯様に複雑な事情が存するのである。

また、法律に規定される過料は多様である。過料の由来も異なるが、低額の過料から非常に高額の過料まである。これらを「過料である」という理由のみに基づいて、一律に同じ手続で扱うことは不合理である。「過料である」というだけで、「如何なる性質の義務違反についても、また如何に多額の罰であっても、一律的に憲法や刑事法の制約を免れてこれを科し得るとするには、憲法解釈上躊躇を感じざるを得ない。」という批判が存する。

3　「秩序罰」

昭和41年最高裁大法廷決定は、戦後行政法学の「行政罰」と「秩序罰」の定着に多大な影響を与えた最高裁判例である。現代から見れば、かかる「多大な影響」は決して肯定的に評価されるべきものではない。最高裁が論拠なく民法84条に規定された過料の性質と過料を科する作用の性質を決めつけたことは、むしろ、学界に長きにわたる混迷の原因を与えたのではないかとさえ思う。

広岡隆の判例評釈によれば、ドイツ民法67条1項および78条には法人の理事

　（1968年）98頁は、「過料を科する手続は一種の行政処分としての性質を有するのであり、これに不服ある者は、行政訴訟を提起することができる、と解する。」という見解を明らかにする。「過料を科せられるべき者の意思に反して財産上の不利益を課するものであることに鑑み、本来行政に属するものを裁判所の権限とした」とあるが、立法過程の議論を見れば、刑罰としても位置付け得る過料であるから、過料を科する権限が本来行政権にあるという議論は一度も登場しない。本来、刑事訴訟手続とすべきところ、それを外そうとして「特別なる」手続を案出しようとしたのである。

23）明治29年民法以前に、明治23年商法256条1号は登記懈怠に対する過料を定めている。明治23年商法は261条に「前數條ニ掲ケタル過料ハ裁判所ノ命令ヲ以テ之ヲ科ス但其命令ニ對シテ即時抗告ヲ爲スコトヲ得　過料ノ辨納ニ付テハ業務擔當ノ任アル社員、取締役又ハ清算人連帯シテ其責任ヲ負フ」という条文を設けていた。明治23年商法の逐条解説によれば、過料は「裁判所ノ命令」によって科されるのであって、裁判を以て科するものではない。手塚太郎『商法詳解　上巻』（宝文館、1890年）358頁参照。

24）現行非訟事件手続法にも120条2項の手続と122条の略式手続の二種が設けられている。

25）広岡隆「一　非訟事件手続法による過料の裁判の合憲性　二　前項の裁判に対する不服申立についての裁判の合憲性」民商法雑誌57巻1号（1967年）153頁。

変更の登記手続の懈怠については法人の理事に対し、秩序罰（Ordnungsstrafe）を科する規定があり、わが国の法制はこの影響を受けたものではないかという。しかし、登記手続の懈怠に罰則が必要であるとして、どのような罰則を用いるかは別の問題である。広岡隆は、ドイツ民法の秩序罰は執行罰的な性格を有すると指摘している。[26] 罰則として、制裁としての過料を用いるわが国とはこの点で異なっている。

　明治期に美濃部達吉が行政法体系に持ち込んだ「秩序罰」という用語は、ドイツ語Ordnungsstrafeの翻訳であると考えられるが、しかしそれは「秩序罰＝過料を科すること」という図式を持ち込んだのではない。明治期に「過料」と名付けられた罰則のルーツは、ドイツ法に学んだものではない。

　本書第２章、第３章で述べたように、「秩序罰」なる用語の使われ方は、戦前の行政法学において東西で落差がある。東の美濃部達吉がもっぱら用い、西の佐々木惣一の行政法教科書には全く登場しない。「秩序罰」なる用語が法律用語として普及していなかったことは、美濃部自身が『法律学辞典』で認めるところである。[27] そのような「秩序罰」が戦後に一気に普及することとなったのは、占領期にGHQに過料存続を認めさせた田中二郎が「秩序罰」という用語を過料分類に用いて「過料小論」(1947年) を著したこと、昭和32年 (1957年) に出版された田中二郎の体系書『行政法総論』の影響が大きい。そして本件昭和41年最高裁大法廷決定において、田中二郎の過料論をもとにした「秩序罰」の理解が語られたことが決定的だったのではないだろうか。

26）　広岡・前掲注（25）153頁以下参照。
27）　「秩序罰」（美濃部達吉執筆）『法律学辞典　第一巻』（岩波書店、1934年）1868頁以下。

おわりに　過料制度の問題点

　地方自治において、刑罰という手段を用いることが可能であっても、条例に刑罰代替的に過料を用いる傾向がある。刑罰代替的に過料を用いることの評価は別として、地方自治法における過料が長の行政処分によって科されるという法形式ゆえに、警察・検察・裁判所という他の機関の関与を要せず、運用における地方自治体の裁量の広さ、手段としての機動性と柔軟性を持つことは評価される。

　これに対して、法律に規定された過料は、的確に適用されているものと、かつて一度も適用例のない過料がある。たとえば、会社法第八編976条には35号まで過料が規定されているが、機能しているものと、機能不全に陥っているものがある[1]。それは過料の裁判の始まりに問題があると思われる。

　過料の裁判は、裁判所の職権による事件の探知または通報（通知）により開始されるが、行政機関が通知を行うことが法令上定められているものと、そうでないもので、差が生じている。

　たとえば、戸籍法施行規則65条は「市町村長が、届出、申請又はその追完を怠つた者があることを知つたときは、遅滞なく、届出事件を具して、管轄簡易裁判所にその旨を通知しなければならない。」と定め、簡易裁判所へ宛てる書式として、別紙附録第三十二号様式（第四十七条第一項）戸籍届出期間経過通知書の書式がある。

　会社法罰則についても、登記官の職務として通知が定められているものは、過料制度が機能している。登記を例にとれば、商業登記規則118条は過料事件の通知を「登記官は、過料に処せられるべき者があることを職務上知つたときは、遅滞なくその事件を管轄地方裁判所に通知しなければならない。」と定めている。事務マニュアルである商業登記等事務取扱手続準則第28条には付属書

1）　山田泰弘・伊東研佑編『会社法罰則の検証』（日本評論社、2015年）14頁参照。

類を裁判所へ送付する際の書類取扱いの規定があり、裁判所へ通知する書式も定められている。

　住民基本台帳法の場合、総務省は法令ではなく住民基本台帳法事務処理要領によって裁判所への通知の事務を定め、通知書の様式もある。刑罰を科する場合の告発の手続と過料を科する場合の簡易裁判所への通知が定められているが、過料に関して定型的に行われる簡易裁判所への通知と異なり、告発は「事案の性質、軽重等を考慮して慎重に行わなければならない」ことを求めている[2]。

　事務処理として定型的に行われなければならないことが定められていれば、それは粛々と行われる[3]。事務処理マニュアルと書式がなければ、違反事実を発見しても、裁判所への通知に結び付くことは期待できないであろう。法律に定められた過料は多くあるが、「誰が」「どのように」違反事実を発見し、それを通知するべきであるかを、法令ないし事務処理要領が定めていないことがある。たとえば、本書序章冒頭で、「空家等対策の推進に関する特別措置法」が他の法律では刑罰とするところを過料を用いている特色を有することに言及した。国土交通省はガイドライン等で「特定空き家」に対する措置について解説しても、罰則に関して言及していない。それでは罰則適用にあたって市町村が判断に困り、裁判所に通知することをためらうであろう。

　「空家等対策の推進に関する特別措置法」では高額の過料が定められているが、条例に定められた過料が地方自治体の歳入となるのに対して、法律に定められた過料は国庫に入る。地方自治体にとってメリットが少ないのである。また、地方自治体が違反摘発のために裁判所に通知したとしても、通知以降、地

---

2) 大阪市住民基本台帳法事務処理要領参照。
3) 事務処理マニュアルが定められている場合、形式的に処理され、例外事例に適切に対応できないことがある。たとえば、配偶者間暴力が原因で戸籍法に基づく届出ができない状況にあった者が届出期間を大幅に経過した後に届出を行い、市町村から裁判所へ通知が行われ、届出が遅れた「正当な理由」の存否が争われた例がある。

　登記懈怠について、形式的に処理しないように、国が通知を発した「東日本大震災に伴う商業・法人登記事務に係る過料事件の通知の取扱いについて（依命通知）」（法務省民商第1268号平成23年6月2日）がある。

方自治体は過料の裁判に関知することがない。過料裁判の当事者ではないからである。

　制裁の手段を、法律の文面上、刑罰から過料に変えただけで制裁が機能するわけではない。制裁手段として過料の実効性を高めるには、行政機関の事務処理マニュアルを整備する必要があり、また、過料という手段が機能しているか否かを把握するために、行政機関による統計的把握も必要である。

　筆者は、法務省に対して、「戸籍法の過料裁判に関する行政文書」「過料事件のうち会社法に基づくものの件数が分かる文書又は会社法に基づく過料事件に係る会社法の根拠条文ごとの件数の内訳が分かる文書」の情報公開請求を行ったが[4]、「法務省本省は請求趣旨に該当する文書を保有していない」という返答を得た[5]。つまり、法務省は過料の裁判記録を保有していないということであった。裁判所から過料の裁判記録を得るということがなく、また、登記官が裁判所へ通知する仕組みは定められているが、法務局から法務省本省へ過料の記録を上げるルートがないのだという。

　研究者が目にするのは判例集に採録された事件であるが、それは過料裁判全体に対してほんのわずかの、裁判所の決定に対して即時抗告されたものに過ぎない。過去に出版された過料の裁判に関する研究が裁判官によるものであるのは[6]、過料の裁判記録を裁判所内部の者しか目にすることがないからであろう。それは過料研究が進展しなかった一因ではないだろうか。

　法律に罰則として過料が規定されていても、当該法律の所管官庁が過料に関する記録を把握する仕組みを有しないことは、筆者にとってショッキングな事実であった。それは制裁の実効性を把握していないということ、換言すれば、行政官庁が過料を用いた制裁について関心が薄いということだろうか。

---

4) 平成29年1月16日付け行政文書開示請求。
5) 平成29年2月9日行政文書不開示決定、平成29年2月14日行政文書開示請求について（求補正）。法務省とのやりとりで、法務局から法務省本省へ過料の記録を上げるルートがないことを知った。
6) 過料裁判の記録様式は裁判所毎に異なるという。川口公隆『簡易裁判所の取扱う過料の諸問題』司法研究報告書第17輯第4号（司法裁判所、1967年）。

現代行政法学界は、非訟事件手続法に基づいて過料を科することを行政上の義務履行確保を目的とすると捉えがちであるが、もともとそういった仕組みとして構築されていないのではないだろうか。法律を所管する行政官庁が端緒も結末も効果も把握できないのであれば、それは義務履行確保の手段などとはいえない。

　過料を強制と制裁の手段として、あるいは行政法規の実効性を確保する手段として用いようとするならば、過料制度の運用自体を見直すべきであろう。

初出一覧

序　章
　「地方自治法における過料」行政法研究11号（2015年）の一部、「憲法94条と地方自治法15条規則——規則制定権と罰則制定権」立命館法学365号（2016年）の一部、「過料に関する一考察——美濃部達吉「過料トイフ刑名」」立命館法学371号（2017年）の一部に加筆

第1章
　「過料に関する一考察——美濃部達吉「過料トイフ刑名」」立命館法学371号（2017年）

第2章
　「美濃部達吉「行政罰」変遷の意義——明治期」立命館法学372号（2017年）

第3章
　「「行政罰」と「秩序罰」の形成と定着——大正期・昭和前期」立命館法学373号（2017年）、「秩序罰に関する一考察」立教法学99号（2018年）の一部

第4章
　書下ろし、「秩序罰に関する一考察」立教法学99号（2018年）の一部

第5章
　「地方自治法における過料」行政法研究11号（2015年）

第6章
　「憲法94条と地方自治法15条規則——規則制定権と罰則制定権」立命館法学第365号（2016年）

第7章
　「地方自治法における過料」行政法研究11号（2015年）

終　章
　書下ろし、「秩序罰に関する一考察」立教法学99号（2018年）の一部

おわりに
　書下ろし

索　引

あ　行

空家対策特措法　2
悪　報　41
威嚇効果　108
違警罪　15, 25, 28, 43, 45, 63, 77
　　──の主刑　21, 104, 154
違警罪即決例　15, 34, 45, 63, 77, 80, 155
一元的立法制　121
市村光恵　40
一種の行政処分　160, 161
一般統治権　3
営造物（営造物）　105, 107, 116
エンフォースメント　5
織田萬　37, 40

か　行

会計法30条　145
会計法規における時効　145
会社法第八編　165
改定律例　18
各論の罰　73
河川法　29
科罰原因　76, 93
科罰手続　153
科　料　14, 18, 21, 22, 104
過　料　23, 25, 26, 29, 40, 57, 63, 71, 74, 89, 130
　　──の科罰手続　112
　　──の機能　112
　　──の裁判　111, 159, 165
　　──の実効性　167
　　──の性質　71, 72, 91, 112, 142, 153, 154, 163

　　──の徴収手続　158
　　──の特質　132
　　──の分類　95
　　──の分類論　112
　　──の目的　155
　　──の由来　163
　　──を科する作用　163
「過料小論」　12, 83, 108, 164
過料処分　139, 140, 148, 149
　　──選択　141
過料トイフ刑名　14, 34, 49, 57, 58, 69
間接強制　91, 92
議会の議決　117
機関委任事務　108, 115, 125, 128, 131, 133
　　──制度　137
機関事務制度　134
規則違反に対する罰則　118
規則制定権　9, 114, 131
規則制定事項　108
規則の性質　113
義務違反　2, 76, 86, 155
　　──の「質」　109
　　──の程度　109
義務の強制　73
旧刑法　18, 20, 45, 153
　　──第四編違警罪　66
　　──編纂過程　16
強　制　91
　　──徴収　131, 141, 146
　　──と制裁　92
　　──の手段の不足　92
　　──罰　31, 41, 156
行政刑罰　4
　　──の機能不全　110, 112

171

行政刑法の特殊性　6
強制執行　87
行政執行法　29, 39
行政事務　101, 102, 114
行政上の義務違反（行政上ノ義務ノ違反）
　　64, 92
行政上の義務履行確保　4, 87, 124
行政上の強制手段　156
行政上ノ執行　48, 55
行政上の秩序罰　4, 77, 84, 93, 147
行政処罰　84
行政処罰法　44
行政代執行法　124
　　──2条　124
行政罰　4, 39, 41, 45, 47, 49, 50, 55, 56,
　　58, 60, 65, 79
　　──の特殊性　60
行政犯　60
行政犯罪　51, 60, 61, 69
行政犯罪一般の特殊性　61
行政法規の実効性　5
行政法上ノ義務違反　59
金銭罰　15, 20, 73, 74, 91, 152
具体的事情　133
国の機関　137
国の事務　102
国の命令　130
軽　罪　28
　　──の主刑　21, 154
経済犯罪　61
警　察　60
　　──機関　93
　　──義務　62, 71, 79, 82
　　──行政事務　101
　　──罪　51
　　──罰　41-43, 51, 56, 60, 63, 71, 74,
　　79, 155
　　──命令　38, 127

警察犯　45, 60, 71, 80
　　──処罰令　45, 63, 77, 79, 155
警察犯罪　60, 61
形式的（な）違反行為　109, 131
形式的な区別　71
形式的な手続的義務違反　147, 148
刑事罰　50, 57
刑事犯　60
刑事犯罪　60, 61
刑罰代替的　97, 110, 112, 147, 165
刑罰としての性質　154
軽犯罪法　81
刑法施行法　15, 64
刑法上の財産刑　155
刑法総則　2, 59, 65
故意と過失　66
行為に対する罰則　141
行為の悪質さ　108
後見的民事監督　159, 161, 162
構成要件　110
公訴時効　145
告知と弁明　111, 151
戸籍事務　159
戸籍法　158
国家法　122
ゴルトシュミット　44, 50, 59

さ　行

財産刑　17
財産上の制裁　107
財政警察　60
財政罰　66, 73, 74, 103, 106, 140, 141
財政犯罪　51, 60
裁判官分限法　157
裁判記録　167
裁判所ノ命令　25
裁判所法施行法　81
裁量権　140, 141, 149

索　引

佐々木惣一　44
砂防法　29
算定の基礎　146, 150
GHQ　83, 85, 103
　──の方針　88
事業の保護　108, 141
時　効　140
自主法　120, 122, 136
自治権　115, 118, 122, 128, 131
市町村収入の確保　108, 141
市町村長の発した命令違反　2
自治立法権の保障　123
執行機関　117
実効性の確保　112
執行罰　29, 31, 34, 46, 83, 89, 147, 156
事務の執行　129
社会通念上著しく妥当性を欠く　149
重加算金　150
重　罪　28
重罰規定　106
住民監査請求　141
住民訴訟　141
住民の権利義務（住民ノ権利義務）　116, 117, 119, 125, 137
主観的要件　147
手段選択の原則　149
純粋「行政罰」　105
条例事項　116
条例制定権の限界　9
条例制定権の保障　123
条例制定事項　108
省令廳令府縣令及警察令ニ關スル罰則ノ件（明治23年勅令第208号）　38
条例と規則の関係　129
条例と規則の差異　119
条例の専管事項　119
条例論　120, 121
昭和18年地方制度改革　116

昭和22年（1947年）4月17日地方自治法　9, 99, 115, 119, 129, 131
昭和22年12月12日地方自治法　101
贖　金　18, 22
処罰（處罰）　46, 49, 62, 64, 79
侵害留保原理　10, 108, 113
新律綱領　18
随時変更　133, 134
鈴木俊一　100, 115
制　裁　3, 91
　──の実効性　167
制裁の手段　167
正当化の根拠　114
正統性　121, 122
即時強制　86
訴訟法上の秩序罰　77, 93
その徴収を免れた金額　146, 150

た　行

大統領制　113, 122
第二種法定受託事務　159
脱税罪　150
単純な義務の懈怠　84
治罪法　24, 153
知事の地位　136
知事の身分　128
秩序維持　72
秩序違反　7
秩序罰　7, 45, 49, 52, 55, 67, 70-72, 74, 140, 164
秩序罰＝過料を科すること　164
「秩序罰」≒「過料を科すること」　12
地方自治の本旨　115
地方自治法上の時効　146
地方分権推進法　9
地方令　102, 128
　──廃止の影響　115, 118
懲戒罰　47, 59, 156, 158

173

長の規則制定権　109, 124
長の行政処分　165
長の権限　108, 129
長の専権　130
長の専権事項　131
直接（住民）公選　10, 131
チルトン中佐　87
適正手続　111
手続的保障　151
登記官　165
徳川幕府法　17
特別権力関係　47, 158
特別の定め　132
取　締　162

な　行

二元代表制　114, 121
二元的立法制　114, 121

は　行

罰　金　14, 21
罰　則　108
　——の包括委任　11
罰則制定権　9, 114
犯罪の質的観点　60, 69, 70
犯罪の性質　50
非訟事件手続法　59, 65
必要性の原則　149
費用徴収　40
比例原則　139, 140, 148, 149, 150
賦課徴収手続　96
府県令　118, 119, 130
　——の幽霊　11, 126, 129, 130
　——廃止の影響　127

不当労働行為　89, 90
弁明の形骸化　112
法規たる性質　10, 113, 115, 124, 128, 131
法律取調委員会　24
法律の委任　125
法律の範囲内　123
法令違反の事実　148
穂積八束　38
ボワソナード刑法草案　20

ま　行

マイヤー，オットー　50, 60, 75
民事裁判所　59
民事上の秩序罰　77, 93, 94, 159
民主的基盤　121
明治23年商法　23
明治29年民法　26
明治31年非訟事件手続法　28
明治32年商法　27
明治40年刑法　28, 45, 63
明治44年市制町村制改正　105
命令違反　63
命令ノ條項違反ニ關スル罰則ノ件（明治23
　年法律第84号）　38

ら　行

倫理的非難　108
労働委員会　90
労働組合法　88
ロエスレル氏起草商法草案　24, 153

わ　行

渡辺宗太郎　72

■著者紹介

須藤 陽子（すとう・ようこ）

1963年生・秋田県出身
博士（法学）
東京都立大学大学院社会科学研究科基礎法専攻博士課程単位取得退学
大分大学経済学部助教授、日本社会事業大学社会福祉学部助教授を経て、
立命館大学法学部教授（現職）
研究テーマ「比例原則」「行政強制」「警察法」

〔単 著〕
『比例原則の現代的意義と機能』（法律文化社、2010年）
『行政強制と行政調査』（法律文化社、2014年）

〔共 著〕
亘理格・北村喜宣編『重要判例とともに読み解く 個別行政法』（有斐閣、2013年）
人見剛・須藤陽子編『ホーンブック 地方自治法 第3版』（北樹出版、2015年）
北村喜宣・須藤陽子・中原茂樹・宇那木正寛『行政代執行の理論と実践』（ぎょうせい、2015年）

Horitsu Bunka Sha

過料と不文の原則

2018年10月1日 初版第1刷発行

著 者　須藤陽子
発行者　田靡純子
発行所　株式会社 法律文化社

〒603-8053
京都市北区上賀茂岩ヶ垣内町71
電話 075(791)7131　FAX 075(721)8400
http://www.hou-bun.com/

＊乱丁など不良本がありましたら、ご連絡ください。
　送料小社負担にてお取り替えいたします。

印刷：中村印刷㈱／製本：㈱藤沢製本
装幀：谷本天志
ISBN 978-4-589-03950-7
Ⓒ2018 Yoko Suto Printed in Japan

JCOPY 〈(社)出版者著作権管理機構 委託出版物〉

本書の無断複写は著作権法上での例外を除き禁じられています。複写される
場合は、そのつど事前に、(社)出版者著作権管理機構（電話 03-3513-6969、
FAX 03-3513-6979、e-mail: info@jcopy.or.jp）の許諾を得てください。

須藤陽子著
行政強制と行政調査
A5判・244頁・4800円

日本の「強制の仕組み」の画期となった占領期とそれ以前の学説・実務に着目し、占領された側の視角から整理。「即時強制」「行政上の強制執行」「行政調査」の3つの概念の相関性を占領期の議論に焦点をあて明らかにする。

中川義朗著
行政法理論と憲法
A5判・300頁・6000円

憲法に対する行政法の従属性と自立性に着目し、両者の関係を問いなおす。著者がこれまで行政法総論および個別行政法について発表してきた諸論稿をベースに、新規の描き下ろし論考も加えて、行政法総論体系に対応するよう構成・配置。

高橋雅人著
多元的行政の憲法理論
―ドイツにおける行政の民主的正当化論―
A5判・276頁・6000円

多元化する行政組織と作用について、ドイツの「民主的正当化論」を整理のうえ、多元的行政に対応する民主主義モデルを検討する。民主的正当化による憲法理論の可能性と限界の考察を踏まえ、その再編成を試みる。

手塚崇聡著
司法権の国際化と憲法解釈
―「参照」を支える理論とその限界―
A5判・270頁・5600円

自国の憲法解釈をする際に国際法規範を取り入れる方法のひとつである「参照」に焦点をおき、その方法と実態をカナダ最高裁の実践手法を具体的に明らかにしつつ考察。「参照」の正当性や司法の国際化にとっての「参照」の意義を探究する。日本の司法にも示唆を与える論考。

吉村良一著
公害・環境訴訟講義
A5判・298頁・3700円

訴訟形態および被害類型別に訴訟の展開・争点・公害政策の課題を解説した体系的概説書。「被害者救済」を重視する視点から争点・訴訟の結論についての私見を明示し、今後の理論構築への示唆をあたえる。平成30年3月の福島原発判決まで網羅。

―法律文化社―

表示価格は本体（税別）価格です